바다 이야기

마이클 브라운 엮음
권 태 선 옮김

창비

차   례

제1부 마술과 전설

제2부 인어와 바다 괴물

바닷물은 왜 짠가

　옛날하고도 아주 먼 옛날 두 형제가 살고 있었는데 형은 아주 부자였고 동생은 가난뱅이였습니다. 어느 크리스마스 이브 날, 가난한 동생집에는 고기나 제대로 된 빵은 물론 빵 부스러기조차도 없었습니다. 그래서 동생은 형을 찾아가 성탄절을 지낼 음식을 좀 달라고 청했습니다. 동생이 형에게 도움을 청한 것이 이번이 처음이 아니기 때문에, 형이 그 가난뱅이 동생의 얼굴을 기쁘게 대하지 않았으리라는 것은 말할 필요가 없지요. 부자 형이 말했습니다.

　"내가 하라는 대로 하면 훈제한 베이컨 덩어리를 통째로 주지."

　그 말을 들은 가난뱅이 동생은 무슨 일이든지 기꺼이 하겠다고 대답했습니다.

　"자, 여기 고깃덩이가 있으니 지금 곧 지옥으로 꺼져 버려라." 하고 그 부자 형이 말했습니다.

"제가 하겠다고 했으니 약속은 꼭 지키겠습니다."라고 동생이 말했습니다.

그는 고깃덩이를 들고 떠났습니다. 하루 종일 걸어서 땅거미가 질 무렵에 매우 밝은 빛이 비치는 곳에 닿았습니다.

"아마도 여기가 형이 가라고 한 지옥인가 보다."라고 가난뱅이 동생은 혼자말을 했습니다. 그리고 옆으로 돌아섰을 때, 그가 처음 본 것은 집 밖의 변소 앞에 서서 크리스마스 불꽃을 지피기 위해 장작을 패고 있는 아주 늙은 노인이었습니다.

"안녕하세요."

고깃덩이를 든 동생이 말했습니다.

"당신도 안녕하시오. 그런데 당신은 이렇게 늦게 어디로 가는 길이오?"

노인이 물었습니다.

"지옥으로 가는 길입니다."라고 그 가난뱅이 동생이 대답했습니다.

"여기가 지옥이니까 제대로 오긴 왔구려."라고 노인이 말했습니다.

"당신이 저 안으로 들어가면 모두 당신의 고깃덩이를 사려고 할 게요. 지옥에는 고기가 아주 드물거든. 그러나 그 고기 값으로는 꼭 문 뒤에 있는 맷돌을 받아야만 그걸 팔겠다고 하시오. 당신이 밖으로 나오면 내가 그 맷돌 쓰는 법을 가르쳐 드리지. 그 맷돌로는 무엇이든지 빻아 낼 수 있거든.”

그 말을 들은 고깃덩이를 든 동생은 충고를 해준 노인에게 감사한 뒤 지옥의 문을 세게 두드렸습니다.

안으로 들어가니 모든 것이 노인이 말한 그대로였습니다. 악마들은 크건 작건 모두 개미산 주위에 몰려드는 개미떼처럼 그에게 몰려와 그 고깃덩이를 차지하려고 애썼습니다.

“글쎄 이 고기는 내 아내와 나의 성탄절 만찬을 위해 써야 할 거라니까. 그렇지만 너희들이 모두 이 고기를 원하니 이걸 너희에게 주어야 할까 보다. 내가 이 고기를 팔긴 팔 테니 그 대신 저 문 뒤에 있는 맷돌을 내게 다오.”라고 가난뱅이가 말했습니다.

처음에 악마는 그 얘기는 들은 척도 않고 값을 에누리하려고 했습니다. 그러나 가난뱅이가 계속 그것만을 고집하자 결국 악마는 그의 맷돌을 넘겨 줄 수밖에 없었습니다. 마당으로 나온 가난뱅이는 장작 패는 노인에게 그 맷돌 쓰는 법을 물었습니다.

그것을 다 배운 후 그는 노인에게 감사 인사를 한 뒤 있는 힘을 다해 빨리 집으로 달려갔지만 그가 자기 집 문 앞에 다다르기 전에 벌써 시계는 성탄절 이브의 열두 시를 치고 있었습니다.

“도대체 여태 어디 있었어요 ? ” 하고 그의 늙은 아내가 물었습니다.

"나는 여기서 성탄절 수프를 끓일 나무 두 토막만 가지고 눈이 빠지게 기다렸는데."

"아, 더 일찍 올 수가 없었다오. 처음에는 무슨 일 때문에 먼 길을 가야만 했고, 나중에는 다른 일이 생겼지. 그러나 여보, 이제 어떤 일이 일어나는지 보구려."

그러고선 식탁 위에 맷돌을 놓고 갈아 먼저 등불을 만들어 내고, 그 다음에 식탁보와 고기와 맥주 등등을 만들어 내니 성탄절 저녁을 빛나게 할 모든 것이 갖추어졌습니다. 그가 맷돌에게 말을 하기만 하면 맷돌은 그가 원하는 것을 만들어 놓았습니다. 그의 아내는 매우 기뻐하며, 이 놀라운 맷돌을 어디서 얻었는지 되풀이해서 물었지만, 그는 대답하지 않았습니다.

"내가 이 맷돌을 어디서 얻었든 신경 쓸 것 없소. 알다시피 이건 꽤 괜찮은 물건이니 당신은 맷돌 돌리는 물이나 얼지 않도록 주의하면 된다오."

그리고 주현절(크리스마스에서 12일째 되는 축일)까지도 충분히 먹고 마실 수 있도록 고기랑 음식을 잔뜩 만들어 놓고 삼 일째 되는 날 모든 친구와 친척을 집으로 불러 큰 잔치를 베풀었습니다. 식탁에 차려진 음식이며 주방에 가득 찬 것들을 본 그의 부자 형은 공연히 심술이 나서 견딜 수 없었습니다. 동생이 잘살게 되었다는 것은 참을 수 없는 일이었기 때문입니다.

그래서 부자 형은 거기에 모인 다른 사람들에게 말했습니다.

"성탄절 이브에만 해도 내게 와서 제발 음식 한 덩이만 달라고 할 정도로 처지가 어려웠었는데, 이제는 마치 백작이나 왕처럼 잔치를 하고 있다니." 하면서 동생에게 물었습니다.

"그런데 도대체 어떻게 이 많은 재산을 얻었느냐?"

동생은 "저 문 뒤에서."라고만 대답했습니다. 왜냐하면 그 비밀이 알려지지 않길 바랐기 때문이죠. 그러나 저녁 늦게까지 술을 진탕 마셔 취해 버린 동생은 더 이상 그 비밀을 참지 못하고 맷돌을 꺼내 와서 말하였습니다.

"이게 바로 내게 이 모든 재산을 갖다 준 것입니다."

그러고 나선 그 맷돌로 모든 물건을 만들어 보였습니다. 이것을 본 그의 형은 맷돌을 차지하려고 마음을 작정하고는 온갖 달콤한 말로 꾀어, 마침내 맷돌을 얻었습니다. 그러나 맷돌 값으로 이십만 원이 넘는 돈을 주어야 했으므로, 그의 가난뱅이 아우가 마른풀을 벨 때까지만 맷돌을 갖고 있다는 조건으로 값을 깎았습니다. 가난뱅이 아우는 그때까지만 갖고 있어도 몇 년 동안 먹고 마실 고기와 음료를 충분히 만들 수 있다고 생각했기 때문에 그렇게 하기로 했습니다.

그러니 여러분, 맷돌이 쉬지 않고 일하니 녹슬 염려는

없었을 테고, 또 마른풀 벨 때가 되어 부자 형이 그것을 가져갔을 때 가난뱅이 아우가 맷돌 쓰는 법을 잘 가르쳐 주지 않았으리라는 것을 상상할 수 있겠지요.

부자 형이 맷돌을 집으로 가지고 간 것은 저녁이었습니다. 다음날 아침, 그는 아내에게 풀 베는 사람들이 풀을 베는 동안 풀밭에 나가 마른풀을 뒤집으라고 시키면서 자기는 집에 남아 저녁 준비를 하겠노라고 말했습니다. 저녁 시간이 다가오자 부자 형은 맷돌을 부엌 식탁 위에 올려놓고 말했습니다.

"청어와 고깃국을 갈아라. 빨리빨리 갈아라."

그러자 맷돌이 청어와 고깃국을 갈아 놓기 시작했습니다. 처음에는 접시에 가득 담고 모든 통을 채운 뒤 마룻바닥을 뒤덮었습니다. 그래서 부자는 그것을 멈추게 하려고 맷돌을 비틀어도 보고 빙빙 돌려 보기도 했지만 맷돌은 계속해서 갈아 놓아 잠시 후에는 사람이 잠길 정도로 고깃국물이 흘러 넘쳤습니다. 그래서 그는 부엌 문을 열고 응접실로 달려나왔지만 고깃국은 곧 응접실도 가득 채워 버렸습니다. 이젠 고깃국물의 물결 속에서 문고리를 붙잡을 수 있는 것만도 천만 다행이었습니다. 문이 열리자 그는 온 들판에 폭포처럼 소리지르며 발뒤꿈치를 따라오는 청어와 고깃국의 물결과 함께 길을 따라 뛰어 내려왔습니다.

한편 들에서 마른풀을 뒤집고 있던 그의 아내는 저녁

이 늦다고 생각하며 말했습니다.

"주인 양반이 집으로 부르지는 않았지만 가는 게 낫겠어요. 고깃국 끓이는 게 어렵다는 것을 알고 내가 도와주면 기뻐할 거예요."

일하던 사람들도 기꺼이 그녀의 말에 동의해서 집 쪽으로 어슬렁어슬렁 걸어갔습니다. 그러나 그들이 언덕으로 오르는 작은 길에 들어서자마자, 강을 이루고 밀려오는 청어와 고깃국의 물결에 쫓겨 목숨을 걸고 달려오는 주인 양반의 모습과 맞닥뜨렸습니다. 주인은 그들을 지나치면서 괴로운 듯이 소리쳤습니다.

"당신네들 모두 목이 백 개나 달렸다면 모를까, 그렇지 않다면 고깃국물에 빠져 죽지 않도록 조심들 하게."

악마가 발꿈치를 붙잡고 있는 것처럼 그는 달리고 또 달려 아우집 앞에 당도해서 제발 지금 곧 그 맷돌을 멈추게 해달라고 사정하며 이렇게 말했습니다.

"만약 한 시간만 더 그 맷돌이 돌면 온 마을이 청어와 고깃국물에 잠길 거야."

그렇지만 아우는 부자 형이 이십만 원을 내놓을 때까지 맷돌을 멈추게 하려 하지 않았습니다.

그래서 가난한 아우는 돈도 받고 맷돌도 도로 찾았습니다. 그는 얼마 안 되어 형이 살고 있는 집보다 훨씬 더 좋은 집을 짓고 그 집을 금으로 치장할 정도로 많은 금을 맷돌로 만들었습니다. 바닷가에 있었던 그 황금의 집은 바다 너머 멀리까지 비쳐 반짝거렸습니다. 배를 저어 오는 사람들은 모두 이 황금의 집에 사는 부유한 사람과 놀라운 맷돌을 보려고 왔으며, 그 명성은 아주 널리 퍼져 모르는 사람이 없을 정도였습니다.

어느 날 그 맷돌을 보러 한 선장이 찾아왔습니다. 그 선장이 한 첫번째 질문은 맷돌이 소금도 갈아 낼 수 있는가 하는 점이었습니다.

"소금을 갈아 내냐고요."

"할 수 있고말고요. 이 맷돌은 무엇이든지 갈 수 있다니까요."라고 동생이 대답했습니다.

이 말을 들은 선장은 값이 얼마든지 간에 그 맷돌을 사겠다고 말했습니다. 선장은 그 맷돌을 갖기만 하면 소금을 실으러 폭풍우 몰아치는 바다를 여행하지 않아도 될 거라고 생각했기 때문에 그렇게 말했습니다. 처음에 동생은 전혀 팔 생각이 없었지만 선장이 하도 열심히 부탁하는 바람에 마침내 팔기로 결정했습니다. 대신 그는 그 맷돌 값으로 수천만 원을 받았습니다.

맷돌을 등에 진 선장은 맷돌 주인의 마음이 변할까 봐 겁이 나 부랴부랴 그 집을 떠나 될 수 있는 한 빨리 배에 싣고 돛을 올렸습니다. 그렇게 빨리 서두르는 통에 그만 선장은 맷돌 쓰는 방법을 묻지도 않았습니다. 배가 순조롭게 나아가자 그는 맷돌을 갑판 위에 놓고 말했습니다.

"소금을 갈아라. 빨리빨리 갈아라."

그러자 맷돌은 폭포가 쏟아지듯 소금을 갈아 내기 시작했습니다. 선장은 소금이 배에 가득 차자 맷돌을 멈추려 했지만 어떤 방향으로 어떤 식으로 해봐도 소용이 없었습니다. 맷돌은 계속 소금을 갈아 내어 소금더미는 점점 높아져 마침내 배가 바닷속에 가라앉고 말았습니다.

지금까지도 바닷속에는 그 맷돌이 있어 계속 소금을 갈아대기 때문에 바닷물이 짜다고 합니다.

  *아스비욘센과 뫼가 엮은 "노르웨이의 재미난 이야기"에서 옮김.

용왕의 선물

　옛날에 새몬(우리말로 연어란 뜻)이란 이름의 한 어부가 살았는데, 그의 세례명은 마태였습니다. 그는 큰 바다 근처에 살았습니다. 이름이 새몬이니 어디 다른 곳에서 살 수 있겠어요? 그에게는 메이란 이름의 아내가 있었습니다. 그 이름은 그녀에겐 너무나 잘 어울리는 것이었어요. 겨울에는 바닷가에 있는 조그만 집에서 살았지만, 봄에는 바다 위에 불쑥 나온 빨간 바위 위로 이사 가 가을이 될 때까지 온 여름을 거기서 보냈습니다. 바위 위에 있는 집은 바닷가의 집보다 훨씬 작았습니다. 문에는 쇠로 된 자물쇠 대신 나무 빗장이 있었고, 돌 난로와 깃대가 있었으며, 지붕에는 바람개비가 돌고 있었습니다.

　그 바위는 아톨라라고 불렸는데 마을의 장터만했습니다. 바위 틈 사이로 작은 마가나무 한 그루와 오리나무 네 그루가 자라고 있었습니다. 어떻게 거기서 그런 나무들이 자라는지는 아무도 몰랐습니다. 겨울 폭풍에 휩쓸려 왔는지도 모르지요. 그 밖에도 그 바위에는 우단처럼 부드러운 풀숲과 흩어져 있는 갈대, 쑥국화라 불리는 두 그루의 노란 풀, 빨간 꽃이 피는 네 그루의 나무 그리고 예쁜 하얀 꽃나무가 자랐습니다. 바위의 보물 속에는 마늘 세 뿌리도 끼여 있었는데, 그것들은 메이가 바위 틈에 심어 놓은 것이었습니다. 북쪽에 있는 바위 벽이 그들을 보호해 주었고, 햇빛은 남쪽에서 그들을 향해 비췄습니다. 햇빛이 풍성하지는 않았지만 메이가 초목을 기르는 데는 충분했습니다.

마태와 그의 아내는 좋은 일 세 가지를 누리고 살았습니다. 봄에는 연어를, 여름에는 청어를, 겨울에는 대구를 잡을 수 있는 것이지요. 날씨가 좋고 바람이 잔잔한 토요일에는 가까운 마을로 배를 저어 가 잡은 고기를 팔고, 일요일에는 교회에 갔습니다. 그러나 어떤 때에는 몇 주일 동안이나 아톨라 바위에만 머물면서 프린스(왕자란 뜻)란 어마어마한 이름을 가진 그들의 귀여운 황갈색 개와 풀숲과 관목과 꽃, 바다의 만과 물고기, 폭풍이 이는 하늘과 파랗게 때로는 하얗게 부서지는 파도만을 바라보며 지내기도 했습니다. 바위가 육지에서 멀리 떨어져 있어서, 그 주변의 몇 십 리를 살펴보아도 조그마한 푸른 섬이나 사람이 사는 흔적이라고는 전혀 없었습니다. 그저 여기저기 아톨라 같은 빨간 바위들이 밤낮으로 물보라를 흩뿌리고 있는 것이 보일 뿐이었습니다.

마태와 메이는 부지런하고 아주 열심히 일하는 사람들이어서 조그만 오두막에 살면서도 만족해하며 행복하게 살았습니다. 겨울에 필요한 만큼의 물고기를 절여 놓고도 남아서, 남편을 위한 담배나 아내를 위한 커피나 좀 사고, 볶은 콩과 맛을 내는 꽃상추만 있으면 부자가 된 것 같았습니다. 더욱이 빵과 버터와 물고기, 맥주통까지 있었으니 더 이상 무엇이 더 필요했겠어요. 메이를 잠시도 가만 놔두지 못하는 그녀의 비밀스런 바람만 없다면 모든 것이 잘돼 가는 것 같았을 겁니다. 그녀의 비밀스런 희망이란 암소를 갖는 것이었지요.

"도대체 암소로 뭘 하려고 그래요? 소는 멀리 헤엄도 못 치고, 우리 배는 소를 이리로 데리고 올 만큼 크지도 못하지 않소? 그리고 혹 우리가 소를 가졌다 치더라도 먹일 여물이 없지 않소?"라고 마태가 물었습니다.

"오리나무 네 그루와 열여섯 개나 되는 풀숲이 있잖아요."라고 메이가 대답했습니다.

"하긴 그렇소. 게다가 마늘도 세 뿌리나 있으니. 마늘이 좋은 먹이가 될 거요."라고 마태는 웃으며 말했습니다.

"소들은 소금에 절인 청어를 좋아해요. 프린스도 생선을 좋아하는걸요."라고 메이가 대답했습니다.

"그럴 수도 있겠지. 하지만 프린스란 놈은 마지막 남은 고기 한 덩이를 놓고도 갈매기 떼와 싸우는 놈이잖소. 그러니 암소 생각은 이제 그만두구려. 우리는 이대로 잘 지낼 수 있지 않소?"라고 남편이 대꾸했습니다.

메이는 한숨을 쉬었습니다. 남편 말이 맞다는 것은 잘 알지만 암소 생각을 그만둘 수는 없었습니다. 이제는 커피에 타는 우유도 전처럼 맛있지 않았습니다. 그녀는 달콤한 크림과 신선한 버터를 생각하면 그것과 비교할 수 있는 것은 이 세상에서 아무것도 없는 것 같았습니다.

어느 날 마태와 그의 아내가 바닷가에서 청어를 손질하고 있을 때, 프린스가 짖는 소리가 들려 왔습니다. 그러자 곧 젊은 남자 세 명들이 탄 화려한 그림이 그려진 배가 바위를 향해 오고 있는 것이 눈에 띄었습니다. 그들은 배로 소풍을 나온 학생들이었는데 먹을 것을 달라고 부탁했습니다.

"정키트(우유를 굳혀 만든 식품) 좀 주세요, 아주머니."라고 그들은 메이에게 외쳤습니다.

"아, 내게 그런 것이 있다면 얼마나 좋겠어요?"라고 말하며, 메이는 한숨지었습니다.

"그러면 우유 한 통만 주세요. 더껑이말고요."라고 학생들이 말했습니다.

"글쎄 있기만 하다면 왜 안 주겠어요!"라고 말하며 메이는 더 깊이 한숨지었습니다.

"아니, 암소 한 마리도 없단 말예요?"

메이는 대답하지 않았습니다. 이 물음은 말할 수 없을

정도로 그녀의 가슴을 쳤습니다.

"소는 없지만 훈제한 좋은 청어가 있다오. 몇 시간 내에 요리해 줄 수도 있고."라고 마태가 말했습니다.

"좋아요. 그러면 그것으로 됐어요."라고 학생들은 대답하면서 바위로 훌쩍 내려섰습니다. 은빛 청어 쉰 마리가 불 앞에 있는 꼬챙이에서 돌고 있었습니다.

"바다 한가운데 있는 이 작은 바위의 이름은 무엇이에요?"

학생들 가운데 한 명이 물었습니다.

"아톨라요."

마태가 대답했습니다.

"용왕의 왕국에 살고 계시니 부족한 게 하나도 없으시겠어요."

마태는 무슨 말인지 알아들을 수 없었습니다. 그는 바다의 신들에 대한 이야기를 쓴 책인 "칼레발라"를 읽은 적이 없어 옛날 바다의 신들에 관해선 아는 것이 없었습니다. 그러자 학생들이 계속 설명했습니다.

"아톨라 왕국에 사는 아티라는 힘센 왕이 있지요. 그는 바다 밑에 바위 하나와 좋은 물건이 가득 든 보물 창고를 가지고 있어요. 그리고 저 깊은 바다에 사는 모든 물고기와 짐승을 지배하죠. 언제나 바다 밑의 풀을 씹고 있는 아주 멋진 암소와 재빠른 말도 가지고 있어요. 아티와 사이 좋게 지내는 사람은 금방 부자가 되지만, 아

티는 매우 변덕스럽고 성을 잘 내니까 조심스럽게 지내
야만 해요. 물 속에 떨어진 돌멩이 하나 때문에도 기분
이 상해 선물을 다 빼앗고 폭풍으로 바다를 휘저어 선원
들을 바닷속 깊이 빠뜨리기도 하죠. 아티는 그의 왕비
웰라모스의 옷자락을 잡아 주는 아주 예쁜 처녀들도 데
리고 있는데, 그 처녀들은 음악 소리를 들으면 물 속에
서 반짝거리는 길게 흘러내린 머리를 빗는다고 해요.”

“아니, 당신들이 정말 그 모든 것을 보았단 말이오?”
마태가 외쳤습니다.

“본 것이나 다름없어요. 그것은 모두 책에 씌어져 있
고, 책에 씌어진 것은 모두 사실이거든요.”라고 학생들
이 대답했습니다.

“믿을 수 없네.”
마태는 머리를 흔들면서 중얼거렸습니다.

이윽고 청어가 준비되자 학생들은 거의 6인분이나 먹
어 치우고, 프린스에겐 배에 싣고 온 찬 고기를 주었습
니다. 프린스는 기뻐하며 뒷다리로 서서 고양이처럼 끙
끙거렸습니다. 식사를 다 끝낸 학생들은 마태에게 빛나
는 동전 한 닢을 주었는데 그 돈이면 특별히 맛있는 담
배로 그의 파이프를 채울 수 있었습니다.

학생들은 그의 친절한 대접에 감사한 뒤, 다시 여행길
을 떠났습니다. 프린스는 매우 슬퍼하면서 멀리 그 배의
흰 돛자락이 보일 때까지 구슬픈 소리로 킹킹거리며 앉

아 있었습니다.

메이는 한마디도 하지 않았습니다. 그러나 속으로는 많은 생각이 오갔습니다. 귀가 밝은 메이는 아티에 관한 이야기를 듣고는 가슴속 깊이 새겨 놓았습니다. 예쁜 암소 한 마리만 가지면 얼마나 좋을까! 매일 아침 저녁 짜낸 우유는 얼마나 맛있을까. 그리고 소 먹이는 데도 아무 문제가 없다니. 창문 옆의 선반에 우유 잔과 정키트 접시를 놔둘 수 있을 텐데! 그렇지만 이런 것이 자기 처지에 어울리기나 할까 하고 혼자 생각했습니다.

"뭘 생각하고 있소?"

마태가 물었습니다.

"아무것도 아녜요."

아내는 대답했습니다. 그러나 온종일 그녀는 어렸을 때 늙은 절름발이에게서 들었던, 고기잡이에 행운을 갖다 준다던 약간 마술적인 성격을 띤 노래를 떠올리고 있었습니다.

'내가 한번 해보면 어떨까?'라고 그녀는 혼자 생각했습니다.

그날은 토요일이었습니다. 마태는 토요일 저녁에는 결코 청어잡이 그물을 치지 않습니다. 일요일에는 고기를 잡지 않기 때문이지요. 그러나 저녁 무렵 그의 아내가 말했습니다.

"이번 한 번만 청어 그물을 쳐요."

"안 돼. 토요일 밤이잖소."

남편이 대답했습니다.

"어젯밤에는 폭풍이 불어 거의 잡질 못했잖아요. 오늘 밤은 바다가 거울처럼 맑고 바람이 부는 방향도 좋으니 청어 떼가 육지를 향해 오지 않겠어요?"라고 아내가 졸랐습니다.

"그렇지만 북서쪽 하늘에는 폭풍이 불 기미가 있고, 프린스도 오늘 저녁 풀을 벌써 먹지 않았소?"라고 마태가 달랬습니다.

"프린스는 아직 안 먹었다니까요."

아내가 소리를 질렀습니다.

"안 돼요. 혹시 내일 해질녘까지 날씨가 나쁘다면 몰라도."라고 남편이 말했습니다.

"내 말 좀 들어 봐요. 바닷가 근처에 그물 하나만 치면 반쯤 채워진 통을 다 채울 수 있을 것 아네요. 그 통을 그렇게 오래 열어 놓은 채로 두면 상할 거예요."

아내에게 설득된 남편은 그물을 가지고 노 저어 갔습니다. 그들이 가장 깊은 바다에 왔을 때, 메이는 그 마술적인 노래의 몇 구절을 그녀 마음속 소망에 맞도록 바꿔 콧노래로 부르기 시작했습니다.

저 깊고 푸른 바다에 사시는
길고 긴 수염을 가진 아티님,

멋진 보물도, 빛나는 물고기도
모두 당신 거라고 들었어요.
비할 데 없이 아름다운 진주가
당신의 왕국 아래 쌓여 있고
맵시 있고 아름다운 바다소들이
당신의 푸른 목장에서 자라지요.
멀고도 가까운 바다의 왕이시여
당신의 황금 창고를 바라지 않으며
진주나 은으로 치장함도 아니고
오직 내가 바라는 소망은
하나는 홀수요 둘은 짝수라
용감한 용왕님, 암소를 주소서
그러면 제가 그 대신으로
달 속의 은과 태양 속의 황금을 드리겠어요.

"무슨 노래를 부르는 거예요?"
남편이 물었습니다.
"그저 머릿속에서 맴도는 옛날 노래예요."라고 대답하
며 목청을 높여 계속했습니다.

오, 깊고 푸른 바다에 사시는
길고 긴 수염을 가지신 아티님
당신은 암소 천 마리 갖고 계시니

제게 한 마리만 주시옵소서.

"그런 바보 같은 노래가 어디 있소?"라고 마태가 말했습니다.

"용왕에게 물고기말고 뭘 빌 수 있단 말이오? 그리고 그런 노래는 주일날에 불러선 안 돼."

그의 아내는 들은 체도 않고 바다에 있는 동안 내내 그 노래를 부르고 또 불렀습니다. 마태도 더 이상 듣지 않고 앉아서 무거운 배를 저으며 깨진 파이프와 맛있는 담배를 생각하고 있었습니다. 그리곤 섬으로 돌아와 자리에 누웠습니다.

그러나 마태도 메이도 한 순간도 잠을 이루지 못했습니다. 마태는 그가 주일을 지키지 못한 이유를 생각했고, 메이는 아티의 암소에 관해서 생각했습니다.

한밤중이 되어 마태는 갑자기 일어나 앉더니 아내에게 말했습니다.

"무슨 소리 못 들었소?"

"아니오."라고 그녀가 대답했습니다.

"지붕 위의 바람개비 돌아가는 게 나쁜 징조 같은데. 폭풍이 불 것 같구려."라고 그는 말했습니다.

"그건 당신 상상일 뿐이에요."라고 아내가 말했습니다.

마태는 자리에 누웠으나 곧 다시 일어났습니다.

"자, 이젠 바람개비가 울고 있잖소."

"꿈속에서 그랬을 거예요. 주무세요."라고 아내가 대답했습니다. 그래서 마태도 잠자려고 애썼습니다.

그러나 세 번째로 그는 침상에서 다시 튀어 일어났습니다.

"아니, 이제는 바람개비가 불이라도 삼킨 듯이 목청을 다해 울부짖고 있네. 태풍이 불 모양이니 그물을 거둬들여야겠소."

두 사람은 함께 일어났습니다. 여름 밤인데도 시월 달처럼 캄캄했습니다. 바람개비는 삐걱거리고 폭풍이 사방에서 울부짖고 있었습니다. 밖으로 나가자 바닷물이 눈처럼 하얗게 깔려 있었고, 물보라가 어부의 오두막을 곧바로 내리치고 있었습니다. 여태까지 살면서도 마태는 그런 밤을 본 적이 없었습니다. 배를 끌어내 그물을 건지러 바다로 간다는 것은 생각할 수도 없는 일이었습니다. 마태와 그의 아내는 너무나 놀라서 문간에서 문설주를 꽉 붙잡고 서 있었습니다. 물거품이 그들의 얼굴을 때렸습니다.

"내가 주일날 고기잡이에는 운이 없다고 말하지 않았소?"라고 마태는 화가 나서 말했습니다. 그의 아내 역시 너무나 놀라서 아티의 암소 따위는 생각조차 못했습니다.

그들은 할 수 있는 일이 아무것도 없었으므로 안으로

들어갔습니다. 밤늦게까지 잠을 못 자 피곤해진 그들은 외딴집 주위에 성난 바다가 사납게 소리지르고 있는 일 따위도 아랑곳없이 곤하게 잠들었습니다. 그들이 깨어났을 때에는 이미 해는 하늘 높이 떠 있었고 태풍은 멈춰 굽이치는 파도만이 빨간 바위에 은빛 물결을 이루며 솟아오르고 있었습니다.

문 밖을 내다보고 있던 아내가 "저게 뭐예요?"라고 물었습니다.

"커다란 물개 같은데."

마태가 대답했습니다.

"이게 생시라면 저건 암소예요!"라고 메이는 소리쳤습니다. 정말 그것은 분명히 암소였습니다. 살찌고 잘 자라서 마치 매일 시금치를 먹고 자란 것처럼 보이는 멋있는 빨간 암소였습니다. 그 소는 바닷가 아래위를 평화롭게 거닐면서 아주 빈약한 풀숲은 거들떠보지도 않았습니다. 그런 풀숲 따위는 우습게 여기는 듯했습니다.

마태는 그의 눈을 믿을 수가 없었습니다. 그것은 암소 같았습니다. 아니, 암소임에 틀림없었습니다. 아내가 우유를 짜기 시작하자 모든 주전자와 냄비와 심지어 뱃바닥에 괸 물을 퍼내는 그릇까지 아주 맛있는 우유로 가득 채워졌습니다.

마태는 그 소가 어떻게 거기에 왔는가를 생각해 보았지만 생각하면 할수록 머리만 아플 뿐 아무 소용이 없었습니다. 그래서 그는 생각하기를 단념하고 잃어버린 그물을 찾으러 떠났습니다. 마태는 멀리 가지 않아 그 그물이 바닷가에 걸려 있는 것을 보았습니다. 그물에는 그물망도 보이지 않을 정도로 고기가 많이 잡혀 있었습니다.

"암소를 가졌다는 것은 참으로 멋진 일이야."라고 고기를 씻으면서 마태가 말했습니다.

"그렇지만 무얼 먹이지?"

"무슨 방법이 있겠지요."

아내가 대답했습니다. 그런데 암소 자신이 그 방법을 찾아냈습니다. 암소는 밖으로 나가 바닷가 어디서나 자라고 있는 바다풀을 뜯어먹어 언제나 건강하게 지냈습니다. 프린스를 제외한 모든 사람들은 그 소를 영리한 동물이라 여겼습니다. 그러나 프린스는 이제 경쟁자가 된 소를 보고 짖어대었습니다.

그날부터 빨간 바위에서는, 우유와 정키트가 넘쳐흘렀고 그물마다 고기가 가득 잡혔습니다. 마태와 메이는 이렇게 멋진 생활로 살쪄 갔고, 날마다 더 부자가 되었습니다. 메이는 많은 버터를 만들고 마태는 고기잡이를 도와 줄 사람을 두 명 채용했습니다. 바다는 그 앞에 커다란 고기 저장소처럼 놓여 있어서 그는 필요한 만큼 끌어당기면 그만이었습니다. 암소도 계속 제 힘으로 살아갔습니다.

가을이 되어 마태와 메이가 바닷가로 가면 암소도 따라서 갔고 그들이 바위로 돌아오면 거기서 기다리고 서 있었습니다.

이듬해 여름이 되자 메이가 말했습니다.

"좀더 좋은 집이 필요할 것 같아요. 이 집은 사람들과 함께 지내기엔 너무 좁아요."

"그렇구려."라고 마태가 대답했습니다. 그래서 그는 진짜 자물쇠가 달리고 고기를 저장해 두는 창고가 딸린 커다란 집을 지었습니다. 그리고 그와 그의 일꾼들은 많은 고기를 잡아 수많은 연어, 청어 및 고등어 등을 러시아와 스웨덴으로 수출했습니다.

"이렇게 많은 사람들을 돌보려니 힘이 들어요. 도와주는 처녀 하나가 있어도 부족할 텐데."라고 메이가 말했습니다.

"그러면 한 명 구하구려." 하고 남편이 말했습니다. 그래서 그들은 소녀 한 명을 채용했습니다.

그러자 메이는 말했습니다.

"이 사람들을 모두 먹이기엔 우유가 너무 적어요. 이제 하녀도 있으니 더 힘들이지 않아도 암소 세 마리는 돌볼 수 있을 거예요."

"그러면 요정들에게 노래를 불러 보시지."

남편이 빈정거리듯 말했습니다.

이 말 때문에 메이는 화가 났지만 일요일 밤에 바다로

나가 전처럼 노래를 불렀습니다.

> 오, 깊고 푸른 바다에 사시는
> 길고 긴 수염을 가지신 아티님
> 당신은 암소 천 마리 갖고 계시니
> 내게 세 마리만 주시옵소서.

다음날 아침부터는 한 마리 대신 세 마리의 암소가 그 섬의 바다풀을 뜯으며 처음 암소처럼 자기들 힘으로 살아갔습니다.

"이제 만족하오?"라고 마태가 아내에게 물었습니다.

"하인 두 명만 더 있고 좀더 좋은 옷만 있으면 아주 만족이에요. 당신은 내가 마님이라고 불리는 줄 알잖아요?"라고 그의 아내가 대답했습니다.

"알았어, 알았어."라고 남편이 말했습니다. 이제 메이는 하인을 여러 명 거느리고 귀부인에게 어울리는 옷도 입었습니다.

"좀더 좋은 여름 별장만 있으면 모든 것이 완벽할 텐데. 이층집을 짓고 흙을 떠다 정원을 만들어요. 그리고 그 위에 조그만 정자를 만들어 바다를 볼 수 있도록 하고요. 또 저녁이면 우리를 위해 바이올린을 켜줄 사람도 구하고, 폭풍이 부는 날엔 우리를 교회에 데려다 줄 조그만 증기선도 있었으면 좋겠어요."

"더는 없소?"라고 마태가 물었습니다. 그렇지만 그는 아내가 원하는 모든 것을 해주었습니다. 아톨라 바위는 ·너무 커다랗고 메이도 너무 위대해져서 모든 성게와 청어 떼들이 당황할 정도였습니다. 프린스조차 비프스테이크와 아이스크림을 먹어 마침내 버터 단지처럼 뚱뚱해졌습니다.

"이제는 만족하오?"

마태가 물었습니다.

"암소 서른 마리만 있으면 아주 만족할 텐데. 적어도 그 숫자만큼 있어야 우리 식구를 먹여 살릴 수 있거든요."라고 메이가 욕심을 부렸습니다.

"용왕에게 또 가보시지."라고 마태가 말했습니다.

메이는 새 증기선을 타고 용왕에게 노래했습니다. 다음날 아침 바닷가에 암소 서른 마리가 서서 제 먹이를 스스로 찾아 먹고 있었습니다.

"여보, 당신도 알다시피 이 보잘것없는 바위는 우리에게 너무 비좁아요. 저렇게 많은 소를 어디다 놓지요?"

"바닷물을 퍼올리는 수밖에 없지 않소?"

"세상에, 누가 바닷물을 퍼올릴 수 있단 말이에요?"

"그 새 증기선으로 해보도록 하시오. 그 안에는 펌프도 있으니까."

메이는 남편이 자기를 놀리고 있다는 것을 잘 알았습니다. 그러나 여전히 그녀의 생각은 그 문제에 매달려 있었습니다.

"바닷물을 퍼낼 수는 없지만 커다란 댐을 만들면 그것을 채울 수 있을 거야. 모래와 돌을 쌓아서 이 섬을 다시 크게 만들어야지."

메이는 배에 돌을 싣고 바다로 나갔습니다. 바이올린 켜는 사람도 함께 타서 아티와 웰라모스와 모든 바다의 딸들이 음악을 들으러 물 위로 올라올 정도로 아름다운 노래를 켰습니다.

"무엇이 파도 속에서 저렇게 밝게 빛나고 있느냐?"

메이가 물었습니다.

"저것은 햇빛에 반짝이는 물거품입니다."라고 바이올린 켜는 사람이 대답했습니다.

"돌멩이를 던져라."

메이가 명령했습니다.

배에 탄 사람들은 퐁당퐁당 좌우로 물거품을 향해 돌을 던졌습니다. 돌멩이 하나가 웰라모스의 시녀장의 코에 맞았고, 다른 하나가 왕비의 볼을 스쳤습니다. 세 번째 돌은 아티의 머리 근처에 떨어져 용왕의 수염을 반쯤 떨어뜨렸습니다. 그러자 바다에는 소동이 일어나 파도가 주전자 속에서 끓는 물처럼 부글부글 끓어올랐습니다.

"어디서 이 광풍이 부는 거지?"라고 메이가 물었습니다.

그런데 메이가 이 말을 하자마자 바다가 입을 벌려 그

증기선을 삼켜 버렸습니다. 메이는 돌멩이처럼 밑바닥으로 가라앉았지만 팔다리를 뻗어 물 위로 올라와 바이올린 켜는 사람의 바이올린을 발견해 그것을 뗏목처럼 이용했습니다. 바로 그 순간 그녀는 무시무시한 아티의 머리가 바로 그 옆에 있는 것을 보았습니다. 그런데 아티는 수염이 반쪽밖에 없는 것이었습니다.

"어찌하여 너는 내게 돌을 던졌느냐?"라고 용왕은 성을 내며 물었습니다.

"오 용왕님, 그것은 실수였습니다. 당신 수염에 곰의 기름을 바르세요. 그러면 곧 다시 자랄 거예요."

"나는 네가 원하는 모든 것을 주지 않았느냐. 그것도 달라는 대로 얼마든지 준 적도 있지 않았느냔 말이야."

"사실입니다, 용왕님. 소를 주셔서 대단히 고맙게 여기고 있습니다."

"그러면 네가 약속한 태양 속의 황금과 달 속의 은은 어디 있느냐?"

"아, 용왕님. 그것들은 하늘이 흐릴 때를 제외하고는 밤낮으로 바다 위 어디에나 흩어져 있습니다."라고 메이가 장난스럽게 대답했습니다.

"본때를 보여 주겠다."라고 용왕은 성을 내었습니다. 이 말과 함께 그는 바이올린을 휙 불어 메이를 로켓처럼 그녀의 섬으로 날려 보냈습니다. 섬에는 예전처럼 죽은 까마귀 고기를 씹고 있는 프린스가 엎드려 있었습니다.

또 옛날의 오두막집 난간에서는 마태가 다 떨어진 회색 웃옷을 걸치고 앉아 그물을 수선하고 있었습니다.

"아니 여보, 도대체 그런 넋 나간 모습으로 어디서 오는 거요? 그리고 왜 그렇게 기운이 없소?"라고 마태가 물었습니다.

메이는 놀라서 주위를 돌아보며 물었습니다.

"우리 이층집은 어디 갔어요?"

"이층집이라니?"

남편이 되물었습니다.

"우리의 큰 집과 꽃밭, 하인, 하녀 들과 서른 마리의 예쁜 암소와 증기선, 또 그 밖의 많은 것들이 다 어디로 갔죠?"

"도대체 말도 안 되는 소리를 하는구려."라고 남편이 대답했습니다.

"그 학생들 때문에 머리가 돌았군. 어제 저녁에는 바다 위에서 바보 같은 노래를 부르더니 아침까지 잠도 못 이루었잖소. 밤에 폭풍이 밀려왔었소. 폭풍이 물러갔을 때 곤히 자는 당신을 깨우지 않으려고 혼자 배를 저어 가 그물을 찾아온 거요."

"그렇지만 난 아티를 보았는걸요."라고 메이는 말했습니다.

"당신은 어리석은 꿈을 꾸면서 잠자리에 누워 있었소. 그리고 꿈속에서 바다로 간 거요."

“그렇지만 바이올린이 저기 있는데요.”라고 메이가 말했습니다.

“멋진 바이올린이라고! 저건 오래 된 막대기일 뿐이오. 자, 자, 여보, 이제부터는 쓸데없는 욕심 부리지 말아요. 주일날 고기잡이는 결코 좋은 운이 따르지 않는 법이라니까! ”

　　* 앤드류 랭의 “라일락 동화집”에서 옮김.

잃어버린 낚싯바늘

옛날 아주 먼 옛날, 일본이란 나라에 위대한 하늘신의 손자인 두 형제가 살고 있었습니다. 형의 이름은 '바다의 왕자'였고, 동생은 '산의 왕자'였습니다.

바다의 왕자는 어부였는데, 바다에 낚싯줄을 드리우기만 하면 고기를 잡을 수 있었습니다. 그의 아우는 뛰어난 사냥꾼으로서, 산에 오르기만 하면 네 발 달린 짐승 가운데 그의 화살을 피할 수 있는 것은 단 하나도 없었습니다.

그러나 폭풍우가 몰아치는 날에는 형은 낚시질을 할 수 없었지만, 아우는 여전히 사냥을 잘했습니다. 이것을 본 바다의 왕자는 아우가 샘이 나서 어느 날 이렇게 말했습니다.

"아우야, 우리 한번 바꿔서 해보자. 내가 산에 가서 사냥을 하고 너는 고기잡이를 하는 거야."

산의 왕자는 그의 활과 화살을 형의 그물과 바꾸고 싶

은 생각이 전혀 없었지만, 바다의 왕자가 자꾸 조르는 바람에 마지못해 그렇게 하기로 양보하고야 말았습니다.

그래서 바다의 왕자는 산의 왕자의 활과 화살을 가지고 사냥을 하러 가고 아우는 바다로 낚시질을 떠났습니다. 그러나 그날 저녁, 두 사람은 모두 빈손으로 돌아왔습니다. 그런데 엎친 데 덮친다고 산의 왕자는 형의 낚싯바늘을 잃어버렸습니다.

바다의 왕자는 굉장히 화를 내면서 그의 낚싯바늘을 내놓으라고 졸랐습니다. 그래서 산의 왕자는 칼을 들고 나가 오백 개의 낚싯바늘을 만들어서 그의 형에게 주었습니다. 그러나 형은 그것들을 집어 던지며 말했습니다.

"이 따위 것은 아무짝에도 쓸모 없어. 나는 내 낚싯바늘을 돌려 받아야 해. 그 밖엔 아무것도 소용없어!"

그때부터 바다의 왕자는 계속해서 그의 낚싯바늘을 돌려 달라고 졸라 아우의 생활을 비참하게 만들었습니다.

어느 날 산의 왕자가 매우 기분이 언짢아서 바닷가에 서 있을 때, 기러기 한 마리가 덫에 걸린 것을 보았습니다. 그는 그 새를 불쌍히 여겨 풀어놓아 주었습니다. 그 순간, 한 노인이 홀연히 그 앞에 나타나 물었습니다.

"왜 그렇게 기분이 안 좋은가?"

산의 왕자는 잃어버린 낚싯바늘에 대해 모두 털어놓고 나서 걱정스런 투로 말했습니다.

"이젠 형이 낚싯바늘을 찾아오라고 하면서 나를 가만

놔두지 않아요. 그 대신 오백 개나 만들어 주었는데도요. 어떻게 해야 형의 마음에 들지 모르겠어요.”

“걱정할 필요 없네. 내가 도와 줄 테니.”라고 노인이 말했습니다.

그렇게 말한 뒤 노인은 가방에서 까만 빗은 꺼내 땅에 던졌습니다. 그러자 그 빗는 금방 대나무숲이 되었습니다. 노인은 대나무 몇 개를 가지고 튼튼한 광주리를 만들어 거기에 줄을 잡아매었습니다. 그러고 나서 왕자를 그 바구니에 태우곤 이렇게 말했습니다.

“내가 이 바구니를 저 바다 밑바닥까지 내려보내 주겠네. 바다 밑에 닿으면 용왕의 궁전에 이르는 작은 기쁨의 바닷가라 불리는 아름다운 길이 보일걸세. 그 길을 따라 궁전 문 앞까지 가게. 그러면 우물가에서 가지가 많이 달린 육계나무가 자라고 있는 것을 볼 수 있을걸세. 나무 위로 기어올라가 무슨 일이 일어나는지 기다리게나.”

모든 일이 그 노인이 말한 대로 일어났습니다. 왕자는 바구니에 앉아서 바다 밑으로 가라앉아 용왕의 궁전으로 가는 길을 찾았습니다. 그 궁전은 많은 작은 탑과 큰 탑을 가진 물고기 비늘만으로 지은 굉장한 건물이었습니다. 문 앞에 육계나무가 서 있어, 왕자는 그 위로 기어올라갔습니다.

곧 용왕의 딸인 ‘구슬 공주’가 물을 길러 시녀의 시중을 받으며 우물가로 나왔습니다. 우물 속을 들여다본 공주는 한 남자의 모습이 비치는 것을 보고 깜짝 놀라 쳐다보고는, 산의 왕자의 잘생긴 얼굴에 홀딱 반한 나머지 가지고 온 주전자를 떨어뜨려 박살을 내버리고 말았습니다.

용왕에게 달려간 공주는 "아버님, 대궐 문 앞에 서 있는 육계나무 위에 잘생긴 낯선 사람이 있어요. 외모로 보아 보통 사람이 아닌 것 같아요."라고 큰소리로 말했습니다.

용왕은 이 말을 듣고 궁궐 문으로 나가 물었습니다.

"그대는 누구이며, 왜 여기에 왔는고?"

그러자 왕자는 "저는 하늘신의 손자인 산의 왕자입니다."라고 대답하고 잃어버린 낚싯바늘에 대해서 얘기했습니다.

용왕은 허리를 굽혀 인사한 뒤 왕자를 궁전으로 초대했습니다. 용왕은 바다사자의 가죽으로 된 융단을 그 앞에 깔고 그 위에 여덟 자 길이의 침대를 만들어 하늘신의 손자를 쉬게 했습니다. 용왕은 산의 왕자를 경건하게 모셨고, 굉장한 잔치를 베풀고 부마로 삼았습니다.

3년 동안 산의 왕자는 용왕의 나라에서 구슬 공주와 아주 행복하게 살았습니다. 그러나 점차 고향이 그리워져 우울했습니다. 구슬 공주가 이것을 보고 걱정이 되어 물었습니다.

"낭군님, 3년 간 이곳에 사시는 동안 저는 당신의 한숨 소리를 들은 적이 없었는데 무슨 일이십니까?"

왕자가 대답했습니다.

"형님을 뵈러 고향에 가고 싶지만 형님의 낚싯바늘을 못 찾았으니 어떡한단 말이오?"

그리고 왕자는 형이 그 낚싯바늘을 돌려 달라고 어떻게 그를 괴롭혔었나를 얘기했습니다.

공주가 이런 사실을 용왕에게 말하자, 용왕은 즉각 왕자를 돕겠다고 했습니다. 곧 온 바다 왕국의 모든 물고기를 불러모으라는 명령이 내려졌습니다. 넓은 지느러미를 가진 고기와 좁은 지느러미를 가진 것, 큰 고기, 작은 고기, 사나운 황새치, 줄무늬진 물호랑이, 가시로 뒤덮인 이상하게 둥근 고기, 불 같은 날개를 가진 커다랗고 평평한 고기, 재빠른 은빛 떼를 지어 다니는 조그마한 대구 등 용왕의 궁전에 모인 고기들은 장관을 이루었습니다. 모두 모이자 용왕이 그들에게 말하였습니다.

"여기 있는 너희들 중 누가 바다의 왕자의 낚싯바늘을 본 적이 있는가?"

그러자 현명한 늙은 청어가 일어나 말했습니다.

"잘은 모르겠지만 빨간 숭어가 언젠가 목이 아프다고 불평을 했어요. 먹지도 못한다고 했는데 그래서 여기도 오지 못했습니다."

빨간 숭어가 불려와 입을 열어 보이자 그곳에 바로 잃

어버린 낚싯바늘이 있지 않겠어요 !

용왕은 왕자에게 말했습니다.

"위대한 하늘신의 손자인 자네가 내 왕국을 찾아 준 것을 기쁘게 생각하네. 나는 결코 이 영광을 잊지 않을 걸세."

그러고는 그 낚싯바늘을 산의 왕자에게 돌려주면서 말했습니다.

"이 바늘을 형에게 돌려주면서 이렇게 말을 하게나. '큰 바늘, 강한 바늘, 가엾은 바늘, 못난 바늘' 하고 세 번 침을 뱉은 뒤 등뒤로 자네 형에게 던지게나. 그래도 자네 형이 자네를 괴롭히면 형이 고기잡이를 갈 때마다 바닷가에 서서 휘파람을 불게나. 그러면 내가 바다에 파도를 일으켜 그의 고기잡이를 망쳐 놓을 테니까."

그리고 용왕은 산의 왕자에게 밀물 보석과 썰물 보석 두 개를 주면서 말했습니다.

"자네 형이 자네를 못살게 굴면 이 밀물 보석을 던지게. 그러면 갑자기 바닷물이 밀려와 해변이 넘치게 될 걸세. 그리고 바다의 왕자가 용서를 빌면 이 썰물 보석을 던지게. 그러면 바닷물이 빠질걸세."

용왕은 바다뱀을 불러 왕자를 집으로 데려다 주게 하였습니다. 그러나 왕자가 막 떠나려고 할 때, 공주가 그를 한쪽으로 데려가 말했습니다.

"낭군님, 이제 곧 우리의 아이가 태어날 거예요. 바람과 파도가 몰아치는 폭풍우 부는 날, 제가 바닷가로 갈 게요. 그러니 저를 위해 집을 짓고 거기서 절 기다려 주세요.”

그 말을 들은 후, 산의 왕자는 바다뱀에 올라타고 재빨리 고향으로 돌아왔습니다.

산의 왕자는 형을 다시 만나자마자 용왕이 가르쳐 준 대로 말하면서, 등뒤로 그 낚싯바늘을 형에게 던졌습니다. 그러나 형은 조금도 기뻐하지 않고 전처럼 동생을 쌀쌀맞게 대했습니다. 그래서 산의 왕자는 바다의 왕자가 고기잡이를 갈 때까지 기다렸다가 바닷가에서 휘파람을 불었습니다. 그러자 용왕이 폭풍을 일으켜 바다의 왕자의 배를 거의 뒤집어엎다시피 하여 바닷가로 떼밀려오게 했습니다.

형은 화가 나서 산의 왕자 때문에 그런 일이 일어났다고 하면서 그를 마구 때렸습니다. 곧 산의 왕자가 밀물 보석을 던지자 거센 바닷물이 일어나 형은 가장 높은 산으로 도망가지 않을 수 없었습니다. 여전히 물이 불어나 바다의 왕자는 높은 나무에 기어올라갈 수밖에 없었습니다. 그래도 물이 계속 불어나자 어찌할 바를 모르고 형은 이렇게 외쳤습니다.

“나를 용서해 다오, 아우야. 내가 시기심 때문에 너를 못살게 했구나. 너는 오랫동안 용왕의 왕국에서 살면서 많은 지혜를 얻은 것이 분명하구나. 나를 불쌍히 여겨

구해 주면 앞으로 언제까지나 너를 섬기겠다.”

이 말을 듣고 산의 왕자가 썰물 보석을 던지자 바닷물이 즉시 빠져 나가고 잠잠해졌습니다.

구슬 공주가 헤어질 때 한 말을 기억해 낸 산의 왕자는 가마우지 털로 이엉을 엮은 집을 바닷가에 세웠습니다. 그녀의 말대로 어느 폭풍우가 몰아치는 날, 구슬 공주는 커다란 거북 등에 타고 용감하게 바닷가로 달려왔습니다.

공주가 산의 왕자에게 말했습니다.

“우리 아이가 곧 태어날 거예요. 제가 저 가마우지 집으로 들어갈 테니 아기가 태어날 때까지 들여다보려 하지 마세요.”

왕자는 이 말을 듣고 매우 마음이 불안해서 그 가마우지 집 안을 들여다보지 않을 수 없었습니다. 들여다보니 놀랍게도 공주가 바다뱀으로 변하는 것이 아니겠어요?

그들의 아이가 태어나자 공주는 산의 왕자에게 몹시 화를 내면서 그를 꾸짖었습니다.

“당신이 내 말을 잘 지켜 주었으면 바다와 땅을 한 왕국으로 만들어 모든 살아 있는 생물은 자유로이 바다에서 산으로 오갈 수 있게 했을 거예요. 그러나 이제부터 바다와 땅은 언제나 나누어져 있게 될 거예요.”

이렇게 말한 뒤, 그녀는 아이를 데리고 바다 왕국에 있는 집으로 돌아가 버렸습니다.

    그래서 산의 왕자는 그녀가 가버린 것을 몹시 슬퍼하
며 한탄했습니다.

        저 먼 수평선의 새
        물오리의 섬에서
        나와 함께 살았던,
        밤이 오면 언제나
        생각나는 내 사랑.

    * "일본 전래 동화집"에서 옮김.

우드뢰스트의 가마우지

우드뢰스트는 북해 근처에 있는 요정의 나라라고 합니다. 아주 착한 사람들만이 이 땅을 볼 수 있는데 그곳에서는 신령한 사람들이 농사를 짓고 가축을 기른다고 합니다. 이 아름다운 땅에서는 모든 것이 풍성하고 모두가 행복하게 산답니다.

뢰스트에서 멀지 않은 바에뢰란 마을에 이삭이란 한 가난한 어부가 살고 있었습니다. 그가 가진 것이라곤 배 한 척과 한 쌍의 염소뿐이었습니다. 그의 아내는 이 염소를 물고기 내장과 가까운 절벽에 흩어져 있는 얼마 안 되는 풀을 먹여 키웠습니다. 그리고 그의 움막 안에는 굶주린 아이들이 득실거렸습니다. 그러나 이삭은 언제나 신이 주신 운명에 만족하며 살아가는 듯했습니다. 그에게 단 하나의 불만이 있다면, 그것은 이웃에 사는 부자가 그를 괴롭히는 것이었습니다. 언제나 이삭 같은 가난한 사람보다 무엇이든지 더 좋은 것을 가져야 한다고 꿈꾸고 있는 그 부자는 이삭을 가만 놔두지 않는 것이었습니다. 그 부자는 이삭의 오두막 앞에 배를 세워 둘 수 있는 정박지를 갖고 싶어했기 때문에 이삭을 없애 버리려 했습니다.

어느 날 이삭이 먼 바다로 고기잡이를 떠나자 어두운 안개가 짙게 깔리기 시작했습니다. 곧 무시무시한 광풍이 불어왔습니다. 이삭은 배를 가볍게 만들어 목숨을 구하기 위해, 아깝지만 잡았던 고기를 다시 바다로 던져 버리지 않을 수 없었습니다.

배가 가라앉지 않도록 하는 것은 쉬운 일이 아니었습니다. 그러나 그는 그 작은 배를 다루는 요령과 드센 파도가 배를 삼키려 들 때마다 배의 방향을 조종하는 방법을 잘 알고 있었습니다. 이렇게 대여섯 시간을 보낸 이삭은 곧 어딘가에 육지가 보이리라고 생각했습니다. 그러나 시간이 흐르면 흐를수록 폭풍우와 짙은 안개는 점점 더 심해졌습니다. 이삭은 자기가 바다 쪽으로 향하고 있거나, 바람의 방향이 바뀌었으리라고 추측했습니다. 결국 아무리 저어 가도 육지가 가까이 있다는 흔적이 나타나지 않았으므로 그의 추측이 맞았다고 확신했습니다.

그때 갑자기 머리 위에서 무시무시한 비명 소리가 들렸습니다. 이삭에게는 그 소리가 도깨비가 그의 만가(죽은 사람을 위해 부르는 노래)를 부르는 것으로 들렸습니다.

이제 마지막 시간이 다가온 것을 안 이삭은 그의 아내와 어린 자식들을 위해 기도했습니다. 앉아서 기도를 드리는데 무언가 까만 것이 보였습니다. 더 가까이 다가가 바라보니 그것은 물에 떠다니는 판자 위에 앉아 있는 세 마리의 가마우지일 뿐이었습니다. 그 다음 순간 그는 그 새들을 지나쳤습니다. 시간이 흘러감에 따라 어찌할 바를 모를 정도로 목마르고 배고프고 피곤했습니다. 손에 키의 손잡이를 잡은 채 어슴푸레 잠이 들었을 때, 갑자기 배가 해변에 부딪치며 기울어졌습니다.

이삭은 오래지 않아 눈을 떴습니다. 태양이 안개를 뚫고 커다란 마을을 비추고 있었습니다. 산비탈이 목장과 곡물밭으로 뒤덮여 있어 언덕과 골짜기는 꼭대기까지 온통 푸른빛이었습니다. 이삭은 세상에서 처음 보는 신기한 꽃 냄새, 풀 냄새를 맡은 것같이 생각되었습니다.

"주여, 감사하나이다!"라고 이삭은 혼자말을 했습니다.

"나는 이제 안전하다. 이곳은 분명히 우드뢰스트일 게다."

바로 그 앞에 곧바로 보리밭이 펼쳐져 있었는데 그렇게 굵고 알찬 이삭은 처음 보았습니다. 이 밭 사이로 난 좁은 길은 옥수수밭의 반대편에 있는 초록빛 이엉을 입힌 오두막으로 통하고 있었습니다. 오두막 지붕 위에는 빛나는 뿔을 가진 하얀 염소가 풀을 뜯고 있었습니다.

그 염소의 젖통은 커다란 암소의 젖통만큼이나 컸습니다. 오두막 밖에서는 한 조그만 노인이 짧은 파이프 담배를 피우면서 나무 의자 위에 앉아 있었습니다. 그 노인은 파란 옷을 입고 있었으며, 숱이 많은 긴 수염이 허리까지 치렁치렁 내려뜨려졌습니다.

"이삭, 우드뢰스트에 온 것을 환영하네."

노인이 말했습니다.

"고맙습니다만 저를 아십니까?"

이삭이 물었습니다.

"알지. 내 생각엔 자네가 여기서 하룻밤 묵어 가고 싶어하는 것 같은데?"

노인이 말했습니다.

"물론 그렇게 해주시기만 한다면 그 이상 고마운 일이 없겠습니다."

이삭이 대답했습니다.

"내 아들들이 함께 있었다면 훨씬 더 거북했을 거야."라고 노인이 말했습니다.

"그 애들은 기독교인들의 냄새를 싫어하거든. 그 아이들을 만나진 않았겠지?"

"안 만났는데요. 나뭇조각 위에서 끽끽 소리치는 세 마리의 가마우지만 만났는걸요."

"그래, 그게 바로 내 아들들이야. 그게 바로."라고 그 노인은 파이프의 재를 떨면서 말했습니다.

"잠시 안에 들어가 있는 게 좋겠네. 배도 고프고 목도 마를 텐데."

"고맙습니다, 어르신네."라고 이삭은 말했습니다.

문을 열자 그 안에는 깜짝 놀라 나동그라질 만큼 멋지고 넓은 장소가 눈에 띄었습니다. 그것은 세상에 태어나서 처음 보는 진기한 것이었습니다. 식탁에는 아주 훌륭한 음식, 생선과 신 크림, 당밀과 치즈를 넣은 대구 간으로 만든 국과 사슴 고기, 케이크더미, 브랜디, 맥주, 벌꿀술 등 온갖 맛있는 것으로 꽉 차 있었습니다. 이삭은 먹을 수 있는 한 많이 먹고 마셨지만 그의 접시는 아무리 먹어도 비지 않았으며, 아무리 마셔도 잔은 언제나 가득 차 있었습니다. 노인은 먹지도 않고 별로 이야기도 하지 않았습니다.

그러나 바로 그때 밖에서 외침 소리와 시끄러운 소리가 들려 왔습니다. 이삭은 노인의 아들들이 돌아왔을 때 조금 불편했지만, 노인이 어떻게 처신하라고 가르쳐 준 듯 그 아들들은 아주 친절하고 유쾌했습니다. 이삭이 식탁을 떠나려 하자 아들들은 그들의 관습에 따라 그들과 함께 앉아 마셔야 한다고 말했습니다. 이미 많이 마셨다고 이삭은 대답했습니다. 그러나 이삭은 그들이 원하는 대로 계속 잔을 비우고, 맥주와 벌꿀술도 한 잔씩 했습니다. 이삭과 노인의 아들들은 좋은 친구가 되어 잘 지냈습니다. 그들은 이삭이 그들과 함께 한두 번 고기를 잡으러 가서 집에 가지고 돌아갈 만큼 고기를 잡는 것이 어떠냐고 말했습니다.

첫번째 고기잡이에서는 무시무시한 폭풍우를 만났습니다. 아들들 중의 한 명이 키를 잡고, 또 한 명이 돛을 붙잡고, 셋째아들은 배 복판에 서 있었으며, 이삭은 땀이 방울방울 등줄기를 타고 흘러내릴 때까지 커다란 물바가지로 물을 퍼냈습니다. 완전히 미친 사람들처럼 배를 저었습니다. 돛을 줄이지도 않고 견디다가, 바닷물이 배 안을 가득 채우자 배를 파도의 뒤쪽으로 저어가 거의 거꾸로 서게 해서 배 꼬리로 고래가 물을 뿜듯이 물을 내몰았습니다.

잠시 후 폭풍우가 멎자 고기잡이를 시작했습니다. 고기들이 떼지어 몰려와 낚싯줄이 바닥에 닿지도 못할 정도였습니다. 우드뢰스트의 젊은이들은 고기를 하나씩 끌어들였습니다. 이삭도 많은 미끼를 가지고 있었지만, 자기 낚시 도구를 가지고 온 이삭에게 고기가 물릴 때마다 그 고기는 뱃전에서 떨어져 버렸습니다. 그는 쥐꼬리만큼도 잡지 못했습니다. 배가 가득 차자 그들은 우드뢰스트로 돌아갔습니다. 노인의 아들들은 고기를 썰어 깨끗이 다듬은 다음 막대기 위에 걸어 말렸지만, 이삭은 노인에게 그의 불운을 한탄할 수밖에 없었습니다. 노인은 다음 번에는 더 좋은 행운이 찾아올 것이라 약속하고 한 쌍의 낚싯바늘을 주었습니다. 다음 고기잡이에서는 이삭도 딴사람들만큼 많은 고기를 잡아, 집으로 돌아와 고기를 널었을 때 그의 몫으로 세 개의 긴 장대를 차지할 수 있었습니다.

이삭은 고향이 그리워지기 시작했습니다. 그가 떠나려 하자 노인은 밀가루가 가득 든 가방과 범포와 그 밖에 필요한 것들로 채워진 여덟 개의 노를 가진 배를 선물로 주었습니다. 이삭은 노인에게 진심으로 깊은 감사를 드렸습니다. 노인은 이삭에게 고깃배들이 베르겐으로 출발하려 할 때쯤 다시 돌아오라고 말했습니다. 노인 자신이 배를 타고 그곳으로 갈 것이므로 이삭도 함께 가서 고기를 팔 수 있을 것이라고 말했습니다. 기꺼이 그렇게 하겠노라고 말하면서 이삭은 다시 우드뢰스트로 오려면 어떤 방향으로 키를 잡아야 하는지 물었습니다.

"가마우지가 바다 위를 날 때 바로 그 뒤를 따르면 되네."라고 노인은 말했습니다.

"그렇게 하면 올바른 길을 따라 안전하게 여행할 수 있을걸세."

그러나 이삭이 해변에서 배를 저어 나가면서 그의 친구들에게 작별 인사를 하려고 뒤돌아보았을 때 우드뢰스트는 보이지 않고 넓은 바다만이 눈에 들어왔습니다.

집으로 돌아온 이삭은 다음 고기잡이 철이 되었을 때 우드뢰스트에 다시 갔습니다. 노인의 배는 이삭에게는 아주 신기한 것이었습니다. 그 배는 길이가 4백 미터쯤

되어 망루에 서 있는 사람이 소리쳐도 키를 잡은 사람에 겐 들리지 않을 정도였습니다. 그래서 돛 근처 배 한복 판에 다른 사람을 세워 키잡이에게 말을 전하게 해야 했 습니다. 그러나 그때에도 그 중간에 서 있는 사람이 그 가 낼 수 있는 가장 큰소리로 외쳐야 겨우 들릴 정도였 습니다. 이삭의 뱃짐은 배의 앞쪽에 차곡차곡 쌓여 있었 습니다. 이삭은 장대로 고기를 거둬들였지만 그가 거둬 들이자마자 또다시 금방 가득 차서 정신을 못 차릴 지경 이었습니다. 배를 저어 가면, 그가 처음 왔을 때 만큼 많은 고기가 또 있었습니다.

고기를 많이 잡은 이삭은 노인과 약속한 대로 베르겐 에 도착하여 고기를 팔아 많은 돈을 벌었습니다. 그리고 그 노인이 충고하는 대로 좋은 장비에 필요한 모든 것과 짐을 실은 커다란 새 배를 샀습니다. 저녁 늦게 떠나기 전에 노인은 그의 배로 건너와 그의 이웃이 바다에서 길 을 잃었을 때 버려 두고 온 사람들을 잊지 말라고 당부 했습니다. 그리고 이삭에게 그의 배가 가져다 줄 행운을 예언했습니다.

"배를 타면 모든 것이 잘될 것이네. 그리고 돛대 머리 에서 누군가가 지켜 준다고 믿네."라고 노인은 말했습니 다. 그 말은 언제나 아무도 볼 수 없는 사람이 배에 타 고는 위험할 때마다 그의 등을 돛대에 붙잡아 매 그것을 지탱해 주리라는 뜻이었습니다. 그후 이삭은 언제나 많은 고기를 잡았습니다.

 그는 그의 행운이 어디서 오는가를 잘 알고 있었습니다. 그래서 고깃배가 겨울 동안 쉴 때, 배를 돌봐 주는 사람을 잘 보살피는 일을 결코 잊지 않았습니다. 그리고 해마다 크리스마스 이브에는 그의 고깃배에는 멀리서도 볼 수 있게 불빛이 타오르고, 고깃배의 선실 안에서는 춤이 계속되는 동안 바이올린과 음악 소리와 웃음 소리와 즐거운 이야기 소리가 들려 나오는 것이었습니다.

 *피터 크리스찬 아스비욘센의 "크리스마스 이브의 난롯가에 모여서"에서 옮김.

어부와 드라우그

드라우그는 노르웨이의 북쪽 바다에 출몰하는 바다 귀신입니다. 어부들은 이 드라우그가 마음대로 모습을 바꿀 수 있지만 흔히 머리 없는 뱃사람 모양을 한다고 말합니다.

바다에서 어부들은 "아유, 추워."라고 하는 것 같은 무시무시한 외침 소리를 듣게 되면 드라우그가 태풍이 밀려올 것을 예고하는 것이라 생각하고 서둘러 뭍으로 대피한답니다.

크발홀름이란 곳에 한 가난한 어부 엘리아스가 살고 있었습니다. 그의 아내 카렌은 목사관 일을 거들며 지냈습니다. 이 부부는 그곳에 오두막을 짓고 살았는데, 엘리아스는 낮에 로포텐즈 근처로 고기잡이를 나가곤 했습니다.

이 크발홀름은 인적이 드문 곳이어서 자주 도깨비가 나타났습니다. 남편이 밖에 나가 있을 때면 카렌은 언제나 무슨 뜻인지 알 수 없는 무시무시한 비명과 고함소리를 듣곤 했습니다. 어느 날 카렌이 언덕에 올라 양들의 겨울 먹이를 마련하기 위해 꼴을 베고 있을 때, 언덕 아래 바닷가에서 재재거리는 소리를 아주 분명히 들었지만 무서워서 감히 쳐다보진 못했습니다.

그들은 해마다 아이를 낳았지만 둘 다 검소하고 열심히 일하는 사람들이라 짐이 되진 않았습니다. 7년이 지나자 아이들은 여섯이나 되었습니다. 그해 가을 열심히 돈을 저축한 엘리아스는 섹째링(세 쌍의 노로 젓는 보트)을 사서 이제부턴 자기 배를 타고 고기잡이를 갈 수 있으리라는 꿈에 부풀었습니다.

어느 날 손에 작살을 들고 그 문제에 대해 곰곰이 생각하면서 걷고 있던 엘리아스는 바닷가 바위 뒤에서 햇볕을 쬐고 있는 무서운 물개와 마주쳤습니다. 그 물개도 엘리아스가 놀란 것만큼이나 그를 보고 놀랐습니다. 그러나 엘리아스는 꾸물거리지 않았습니다. 그가 서 있는 바위 꼭대기에서 그 괴물의 목 바로 밑쪽에 길고 무서운 작살을 곧바로 내리찍었습니다.

물개는 배의 돛만큼 높이 공중으로 꼬리를 치켜 들고 무섭게 이빨을 드러내며 피맺힌 눈으로 심술궂게 그를 바라보았습니다. 엘리아스는 너무나 무서워 바로 그 자리에서 곧 죽을 것만 같았습니다. 그런데 그 물개는 바다로 뛰어들어 핏빛 물거품을 내며 맹렬히 물 속으로 나아갔습니다. 엘리아스는 더 이상 바라보지 않고 그곳을 떠났습니다. 그날 저녁 쇠를 댄 머리 부분이 잘려진 채로 작살이 그의 집 근처의 배를 세워 두는 곳으로 떠내려왔습니다.

엘리아스는 그 일에 관해 더 이상 생각하지 않고 가을에 섹쌔링을 샀습니다. 왜냐하면 온 여름내 조그만 배를 넣는 헛간을 지어 놓았기 때문입니다.

어느 날 저녁, 누워서 그의 섹쌔링을 생각하고 있던 엘리아스에게 배의 양쪽에 나무막대를 받치면 더 잘 균형을 잡을 수 있으리라는 생각이 떠올랐습니다. 우스꽝스러울 정도로 배를 좋아해서 곧잘 등불을 들고 배를 보러 바닷가로 내려가곤 하는 그였기에 그날도 배 있는 곳으로 나갔습니다.

그가 등불을 비춰 그 배를 바라보고 서 있을 때, 반대편 구석에 쌓아 놓은 그물 위에서 분명히 그 물개를 닮은 얼굴이 얼핏 보였습니다. 그 얼굴은 잠시 동안 그와 그 불빛을 향해 이빨을 야만스럽게 드러내 보이더니 점점 더 입을 크게 벌렸습니다. 그러고는 갑자기 그 덩치 큰 물체는 천천히 문 밖으로 사라져 버렸습니다. 엘리아스는 등불 빛으로 그의 등에 박힌 긴 구부러진 쇠못을 볼 수 있었습니다. 그러자 그는 이것저것 혼자 생각해 보기 시작했습니다. 그렇지만 그는 자신의 목숨보다 배가 더 걱정이었습니다. 그는 그 자리에 앉아 등불을 들고 망을 보았습니다. 아침에 그의 아내가 다가왔을 때 그녀는 다 타버린 등불을 든 채 엘리아스가 잠들어 있는 것을 발견했습니다.

1월 어느 날 아침, 엘리아스가 다른 두 사람과 함께 그의 배를 타고 고기잡이를 하는데 그 강의 바로 입구에 있는 바위에서 나는 목소리를 어둠 속에서 들었습니다. 그 목소리는 놀리는 것처럼 비웃으며 말했습니다.

"펨뵈링(다섯 쌍의 노를 가진 커다란 고깃배)을 탈 때 조심하라, 엘리아스!"

그러나 그런 경고가 맞아떨어진 것은 훨씬 뒤의 일이었습니다. 그의 아들 번트가 열여섯 살이 된 어느 가을, 엘리아스는 이제는 펨뵈링을 다룰 수 있다고 생각했습니다. 그래서 온 가족을 그의 배에 태우고 섹째링을 펨뵈링과 바꾸기 위해 라넨 항으로 갔습니다. 집에 남은 단 한 사람은 그들이 몇 년 전에 고용한 귀여운 소녀인데 최근에 들어서야 비로소 핀족임을 알았습니다.

엘리아스는 라넨 항에서 이 배 저 배를 살펴보았습니다. 때마침 그곳에서 배 만드는 솜씨가 가장 훌륭한 사람이 만들고 바로 그 가을에 타르칠을 끝낸, 어른 넷과 한 소년을 태우기에 꼭 알맞은 조그만 펨뵈링이 있었습니다. 엘리아스는 배에 관해 잘 알고 있었는데, 수면 아래가 그렇게 잘 만들어진 펨뵈링은 본 적이 없었습니다. 그러나 수면 위는 그저 보통 수준이었습니다. 그보다 경험이 적은 사람일지라도 그 배가 다른 것보다도 더 둔중

하게 보였을 정도이니 결코 멋진 배라고는 할 수 없었습니다.

배 주인도 엘리아스만큼 이 모든 사실을 잘 알고 있었습니다. 그는 그 배가 라넨에서 가장 빠른 돛단배가 될 거라고 생각하지만, 엘리아스가 그 배에 타르칠을 한 번 더 입히는 것말고 아무데도 고쳐 달라지 않는다고 약속하기만 하면 값싸게 팔겠노라고 말했습니다. 엘리아스는 분명히 그렇게 하겠다고 약속하고 나서야 그 배를 살 수 있었습니다.

그러나 사실은 악마가 배 주인에게 배 수면 밑부분을 만드는 법을 교활하게 가르쳐 주고, 수면 윗부분은 그의 타고난 재간을 이용해 아주 부족하게 만들게 해놓은 것이었습니다. 이렇게 미리 선수를 쳐 그 배를 값싸게 팔도록 해서 엘리아스가 살 수 있게 만들었습니다. 게다가 배를 너무 가까이에서 보지 않는다는 조건까지 요구하게 했습니다. 이런 식으로 거래를 하여, 으레 해주는 타르칠도 못하게 했습니다.

엘리아스는 이제 그만 집으로 돌아갈까 생각했지만 먼저 마을로 가서 크리스마스 때 그와 그의 가족이 먹을 양식을 사고 브랜디도 한 모금 마셨습니다. 그날 흥정을 끝낸 것이 기뻐서 그는 그의 아내와 함께 똑같이 한 잔씩을 더 마시고 아들 번트 역시 술맛을 보았습니다.

그러고 나서 그들은 새 배를 타고 집으로 출발했습니

다. 그 배에는 그와 아내, 아이들과 크리스마스 양식말고는 아무런 짐도 없었습니다. 그의 아들 번트가 중앙 의자 옆에 앉았고, 둘째아들의 도움을 받아 그의 아내가 돛줄을 잡고 있었습니다. 엘리아스 자신은 키를 잡고 열두 살, 열네 살의 두 아들이 차례로 뱃바닥에 괸 물을 퍼냈습니다.

80리쯤 지나 넓은 바다에 이르렀을 때, 그 배가 첫 여행으로는 꽤 어려운 시험을 받게 될 거라는 게 분명해졌습니다. 점차 폭풍이 불기 시작해 물마루가 파도치는 바다에서 부서지기 시작했습니다.

이제 엘리아스는 그의 배가 어떤 배인지 알게 되었습니다. 그 배는 갈매기처럼 파도를 잘 탔습니다. 물이 그렇게 많이 튀어 들지 않았기 때문에 보통의 펨뵈링이 그런 날씨에서 하듯 모든 돛귀를 말아 올릴 필요도 없을 것 같았습니다.

그의 펨뵈링에서 멀리 떨어지지 않은 바다 위에, 그 배처럼 돛에 네 개의 돛귀가 달린 선원을 가득 실은 또 다른 펨뵈링이 보였습니다. 그 배도 같은 방향으로 달리고 있었는데, 왜 여태 그 배를 보지 못했는지 참 이상할 정도였습니다. 그 배는 그와 경쟁을 벌이는 것 같았습니다. 엘리아스가 이 사실을 깨달았을 때 그의 목숨을 건지기 위해 다시 돛귀 하나를 펴지 않을 수 없었습니다.

그러고 나서 그는 화살처럼 빠르게 곶과 섬과 바위를

지나 달렸습니다. 엘리아스는 생전 처음 그렇게 훌륭한 돛을 가져 보는 것 같았습니다. 그 배는 라넨에서 가장 좋은 배임을 또다시 보여 주었습니다.

한편 날씨는 점점 더 나빠져 더욱 위험스러운 바다와 맞닥뜨리게 되었습니다. 파도가 번트가 앉아 있는 배의 앞부분의 중앙의자 너머로 부서져 들어왔기 때문에 배의 방향을 바람 방향으로 바꿔 다시 달렸습니다.

어둠이 짙어지고 옆의 배가 거의 나란히 달려와 이제 쉽게 물바가지를 이 배에서 저 배로 던질 수 있을 만큼 가까워졌습니다.

밤이 내리고 또 그 밤이 지나갈 때까지 그 두 배는 계속 험해져만 가는 바다에서 나란히 달렸습니다. 이제 넷째 돛귀를 다시 말아올려야 했지만 엘리아스는 먼저 굴복하고 싶지 않았기 때문에 다른 배에서 그것을 말아올릴 때까지 조금 기다려야겠다고 생각했습니다. 그 배도 곧 그렇게 하는 것이 필요할 테니까요. 모두들 축축하게 젖어 있어 추웠기 때문에 때때로 브랜디 병을 꺼내 한 모금씩 돌려 마셨습니다.

엘리아스의 배 곁에 부닥치는 어두운 놀(바다의 사나운 큰 물결) 위에서 노는 바닷불이 옆의 배 주위의 물거품 속에 비쳤습니다. 그것은 부삽으로 물을 갈아엎어 뒤집어 놓은 듯 아주 생생하게 빛났습니다. 그 빛나는 도깨비불 속에서 엘리아스는 그 배의 밧줄 끝을 분명히 식별

할 수 있었습니다. 또한 머리에 방수모를 쓴 배에 탄 사람들도 분명하게 볼 수 있었습니다. 그러나 왼쪽 뱃전에 아주 가까이 닿게 되자, 그들 모두는 그에게 등을 돌리고 배의 몸체를 높게 기울여서 그들의 모습을 볼 수 없도록 거의 감추어 버렸습니다.

갑자기 무시무시하게 큰 놀이 일었습니다. 엘리아스는 번트가 앉아 있는 뱃머리 바로 너머에서 어둠을 통해 파도의 하얀 물마루를 오래 지켜 보았습니다. 그 파도는 한동안 배 안을 가득 채워서, 판자가 그 무게 때문에 흔들리고 떨렸습니다. 그래서 배는 반쯤 넘어가려다 바로서서 다시 속력을 내어 바람을 등진 채 떠내려갔습니다.

파도가 아직도 그에게 밀어닥치고 있을 때, 옆의 배에서 나는 무시무시한 고함소리가 들리는 것 같았습니다. 그러나 파도가 지나자, 돛대 밧줄 옆에 앉아 있던 아내는 가슴을 쥐어뜯는 목소리로 말했습니다.

“아이구머니나, 엘리아스! 바다가 마르타와 닐스를 삼켜 버렸어요.”

번트 근처 짐칸에 앉아 있던 일곱 살, 아홉 살 먹은 제일 나이 어린 아들들이 물에 빠진 것이었어요. 엘리아스는 “그 줄을 놓치면 안 돼, 카렌. 안 그러면 딴 애들까지 잃게 돼.”라고 말할 수밖에 없었습니다.

이제 넷째 돛귀를 말아 올려야 했습니다. 넷째 돛귀를 말고 났는데도 폭풍이 점점 심해지는 걸로 봐서 다섯째,

여섯째 돛귀도 말아 올리는 게 나을 것 같았습니다. 그러나 점점 더 거칠어만 가는 바다에서 배를 자유롭게 하기 위해선 꼭 필요한 때를 빼고는 가능한 한 돛을 꼭 늦추지 말아야 했습니다. 그리고 그들이 올릴 수 있는 돛 조각도 점점 더 줄어들고 있다는 것을 알았습니다. 파도가 그들의 얼굴로 곧바로 밀려올 정도로 소용돌이쳐, 번트와 어머니가 돛줄 붙잡고 있는 것을 돕고 있던 바로 밑의 동생 앤토니는 마침내 배가 마지막 돛귀, 여기서는 다섯 번째 돛귀조차 지탱할 수 없을 때 임시방편으로 쓰는 돛 활대를 붙잡아야만 했습니다.

한동안 사라졌던 이웃 배가 분명히 엘리아스의 배와 같은 수의 돛을 달고 갑자기 물 속에서 나타나 다시 옆에서 나란히 달렸습니다. 이제 엘리아스에게는 그 배에 탄 사람들의 모습이 기분 나쁘게 느껴지기 시작했습니다. 엘리아스가 그들의 방수모 아래 나타난 창백한 얼굴을 흘끗 보니, 서서 돛 활대를 붙잡고 있는 두 사람은 이상하게 빛나는 물거품 빛 때문에 사람이라기보다는 시체처럼 보였습니다. 그들은 단 한마디도 말하지 않았습니다.

왼쪽 뱃전으로 조금 벗어난 그는 어둠 속에서 새로 큰 놀의 하얀 등줄기가 밀려오는 것을 보고 그것을 맞을 준비를 했습니다. 배는 뱃머리를 달려오는 파도를 향해 비스듬히 돌려 눕히고, 돛은 가능한 한 크게 펼쳐 험한 바

다를 가르고 지나간 뒤 다시 빠져 나올 수 있기에 충분한 속력을 얻을 수 있도록 했습니다. 우레 같은 소리를 내며 까치놀이 밀려들어왔습니다. 한동안 배가 뒤집히는 것 같았습니다. 그러나 그 까치놀이 지나갔을 때, 돛줄을 잡고 있던 아내도 돛 활대를 붙잡고 있던 앤토니도 거기엔 없었습니다. 두 사람 모두 물에 빠져 버렸던 것입니다.

이때도 엘리아스는 공중에서 무시무시한 외침 소리를 들은 것처럼 생각되었습니다. 그러나 그 북새통에 들은 것은 그의 아내가 안타깝게 그의 이름을 부르는 소리였을 뿐입니다. 아내가 물에 떠내려갔다는 사실을 깨닫고 난 뒤 그가 겨우 한 말은 "세상에 이럴 수가."였습니다. 그 역시 아내의 뒤를 따라가고 싶은 마음뿐이었습니다. 그러나 이와 동시에 배에 남아 있는 나머지 아이들이 떠올랐습니다. 번트와 한동안 배에 괸 물을 퍼내다 이제는 그 뒤의 뱃전에 앉아 있는 열두 살, 열네 살 난 두 아들을 구해야 한다는 생각이 강하게 들었습니다.

번트가 혼자서 활대를 붙잡고 있고, 나머지 두 아들도 최선을 다해 그를 도왔습니다. 엘리아스 자신은 방향타를 미끄러뜨리지 않도록 계속 애를 써가며 무감각해진 손으로 꽉 거머쥐었습니다.

잠시 후, 이웃 배가 다시 솟아올랐습니다. 얼마 전에 한동안 사라졌었거든요. 지금도 또 엘리아스에게는 그가 앉아 있는 바로 그 뱃전의 같은 자리에 앉아 있는 굉장히 덩치가 큰 사람이 눈에 들어왔습니다. 그가 등을 돌리자, 그의 방수모 바로 아래 등에 15센티 정도 되는 쇠못이 박혀 있는 것이 아주 분명히 보였어요. 엘리아스는 쉽사리 그 못을 기억해 낼 수 있었습니다. 이제 지나간 일을 조용히 돌이켜보니, 두 가지 사실이 분명해졌습니다. 하나는 그의 배 옆에 가까이 붙어 그를 파멸로 이끌고 있는 것은 바로 그가 등을 찔렀던 드라우그란 사실이었으며, 둘째는 그날 밤의 항해가 그의 일생에서 마지막이 될 것이라는 아주 분명한 사실이었습니다. 바다에서 드라우그를 만난 사람은 이미 그 운이 다한 셈이기 때문입니다. 그는 그의 아들들이 낙심할까 봐 아무 말도 하지 않고 몰래 그의 영혼을 하느님께 맡긴다고 기도하였습니다.

이 마지막 시간 동안, 엘리아스는 폭풍우 때문에 그만 뱃길을 잃어버리고 말았습니다. 하늘 또한 눈으로 뒤덮였습니다. 육지에 닿으려면 새벽까지는 기다려야 하리라 생각되었습니다. 그러나 쉬지 않고 계속 노 저어 나갔습니다. 때때로 뱃전에 앉아 있는 아이들은 추워서 얼어죽겠다고 불평을 터뜨렸습니다. 그러나 그들이 처한 이렇게 가혹한 상황 속에서 그들을 도와 줄 수 있는 것이라곤 아무것도 없었을 뿐만 아니라, 엘리아스조차도 딴생각에 깊이 빠져 있었습니다.

　엘리아스는 세 아들의 생명을 염려하지만 않는다면, 그를 조롱하는 듯 계속 따라오고 있는 저 저주스런 배를 방향을 틀어 들이받아 가라앉히고 싶은 무시무시한 복수에의 욕망이 갑자기 끓어올랐습니다. 그는 드라우그의 뜻대로 그가 이 세상에서 지녀 온 가장 소중한 것들을 모두 빼앗기고 만 것이 너무나 원통했습니다. 더군다나 아직도 더 빼앗아 가겠다고 손을 벌리고 있는 그 드라우그에게 자신의 목숨을 내맡기고 있다는 생각에 몸서리가 쳐졌습니다.

　새벽 서너 시경 파도가 소용돌이치는 곳에 이르니까 높다란 암초가 어둠 속에서 불쑥 나타났습니다. 그러나 엘리아스는 그것이 암초가 아니라 거대한 까치놀이라는 것을 곧 깨달았습니다. 옆의 배에서 비웃는 소리가 나면서 누군가가 "엘리아스, 저리로 가보시지."라고 말한 것 같았습니다.

　앞에 닥칠 재앙을 바라보며 엘리아스는 "오 하느님!"이라고 큰소리로 외쳤습니다. 그리고 아들들에게 배가 물 속에 빠지면 온 힘을 다해 노받이로 받치고 있다가 물 밖으로 다시 나올 때까지 놓지 말라고 말했습니다. 그는 열네 살 먹은 큰애를 번트에게로 보내고, 열두 살짜리 어린애를 자기 옆에 붙어 서게 한 후 볼을 한두 번 두드려 잘 잡고 있는지를 확인했습니다. 생각했던 대로 거품이 부글거리는 큰 파도 밑에 깔렸던 배는 점차 뱃머리 쪽으로 들어올려졌다가 가라앉았습니다. 공중에 드러난 용골과 함께 배가 물 밖으로 다시 나왔을 때 엘리아스와 번트와 열두 살짜리 마틴은 가는 막대에 의지해서 함께 앉아 있었지만, 셋째아이는 물에 빠져 버렸습니다.

　이제는 무엇보다 먼저 돛대가 배의 균형을 깨뜨리지 않은 채 표면으로 나올 수 있도록 한쪽 돛대 줄을 잘라내야만 했습니다. 그러려면 흔들리는 뱃바닥으로 기어올라 배를 물 속에 너무 높이 떠 있게 하는 공기를 빼서 속력을 늦추도록 구멍을 뚫어야 했습니다. 한참 애쓴 끝에 구멍을 뚫는 데 성공한 엘리아스는 먼저 꼭대기로 올라가 두 아들들을 도와 주었습니다.

　파도가 자꾸 들이쳐 흠뻑 젖은 뱃바닥에 그들은 손과 발로 필사적으로 달라붙으면서 어둡고 긴 겨울 밤을 지샜습니다.

　몇 시간이 지나자 마틴이 그만 목숨을 잃었습니다. 엘리아스는 할 수 있는 한 오래 붙들어 두려 했지만 마틴은 너무나 지쳐 바닷속으로 미끄러지고 말았던 것입니다. 몇 번이나 도와 달라고 외쳐 보았지만 아무 소용없는 일이라 마침내 포기해 버렸습니다. 이제 두 사람만이 뱃바닥에 앉아 있게 되자 엘리아스는 번트에게 자신도 역시 죽게 될 테니 마음의 준비를 해두라고 말했습니다. 이어서 그는 번트가 남자답게 버티기만 한다면 구조될 수 있으리라고 굳게 믿는다고 덧붙여 말했습니다. 그러고 나서 드라우그에 관해 모두 이야기해 주고, 그 드라우그가 지금 어떻게 복수하고 있는가를 설명해 주었습니다. 끝으로 그 복수가 그에게 이를 때까지 견뎌낼 수 없을 것 같다고 탄식했습니다.

새벽의 회색빛이 벗겨지기 시작한 것은 아홉 시경이었습니다. 엘리아스는 그 옆에 앉아 있는 번트에게 놋쇠줄이 달린 은시계를 주었습니다. 엘리아스는 단단하게 단추가 채워진 웃옷에서 시계를 꺼낼 수 있도록 그 은시계를 양쪽으로 짤깍 잠가 놓았었습니다. 날이 더 밝아 오자 번트는 그의 아버지의 얼굴이 죽은 사람처럼 창백하고, 종종 죽음에 다다른 사람이 그렇듯이 머리카락도 여기저기 끊어져 있는 것을 보았습니다. 그리고 그의 얼굴은 용골을 잡고 있는 손에 쓸려 벗겨져 있었습니다. 아들은 이제 아버지가 마지막 숨을 거두려 한다는 것을 깨닫고 마구 흔들어 어떻게 해서든 그를 살리려고 애썼습니다. 그러나 엘리아스는 그가 흔드는 걸 말렸습니다.

“아니다, 번트야. 네 몸조심이나 하고 꽉 붙잡아라. 나는 네 엄마 곁으로 간다. 오 예수님.”

그리고 그는 배 꼭대기에서 거꾸로 떨어졌습니다.

배의 용골에 앉아 있는 사람이라면 누구나 바다가 제자리를 찾게 되면 바로는 아니더라도 차차 잔잔해지리라는 것을 충분히 알 수 있는 법입니다. 이제 번트는 그 배를 조정하는 것이 더 쉬워지고, 날이 밝아 오면서 훨씬 더 많은 희망이 그에게 다가오고 있음을 느낄 수 있었습니다. 폭풍이 잦아지고 꽤 밝아졌습니다. 번트는 그가 그의 고향 크발홀름 밖에 있음을 알았습니다.

그는 도와 달라고 크게 외쳤습니다. 그러나 그의 가장 큰 희망은 큰 파도 위에 삐죽 솟아난 곳이 있고 물이 더 잔잔한 육지 쪽으로 파도에 밀려갔으면 하는 것이었습니다. 실제로 점점 더 가까이 다가가 마침내 계속 배 옆으로 흔들리고 있던 돛대가 미끄러운 절벽에 굽이치는 파도 속에서 위아래로 파동칠 만큼 바위에 가까이 다가갔습니다. 한참 앉아서 붙잡고 있었기 때문에 팔다리가 마비된 것처럼 뻣뻣해졌지만, 온 힘을 다해 애쓴 끝에 그 절벽에 기어올라 돛대를 바닷가로 끌어당겨 펨뵈링을 고정시킬 수 있었습니다.

집에 혼자 남아 있던 핀족 소녀는 지난 두 시간 동안 때때로 도와 달라는 외침 소리가 들린 것같이 생각되었습니다. 그래서 무슨 일인가 궁금해 언덕으로 올라갔습니다. 거기서 그녀는 번트가 절벽으로 기어오르고 뒤집혀진 펨뵈링이 꺼떡꺼떡 움직이는 것을 보았습니다. 곧 배가 있는 곳으로 달려간 그녀는 낡은 노 젓는 배를 타고 바닷가로 저어가 그 섬 주위를 돌다가 번트가 있는 곳으로 곧바로 갔습니다.

번트는 그 겨울 내내 그녀의 간호를 받으며 누워 있었고, 일 년 내내 고기잡이하러 나가지도 않았습니다. 사

람들은 그가 정신이 조금 이상해졌다고 생각했습니다

그는 바다 공포증 때문에 큰 바다에는 결코 다시 나가지 않았습니다. 번트는 그 핀족 소녀와 결혼한 뒤 말랑으로 이사 가 숲을 개간해 거기에서 잘살았다고 합니다.

* 조나스 리가 엮은 "북해의 귀신 이야기"에서 옮김.

핀족의 혈통

센제 북쪽에 있는 스바르트피요르드란 곳에 에일러트라는 청년이 살고 있었습니다. 그의 이웃에는 뱃사람들인 핀족(핀란드 및 북서 러시아 부근의 민족)이 살고 있었는데 그들의 아이들 가운데 검게 늘어진 긴 머리와 커다란 두 눈이 아름다운 소녀가 있었습니다. 그들은 곶 뒤편에 있는 바위산 너머에서 살았습니다. 그들의 생계 수단도 에일러트의 부모들과 마찬가지로 고기잡이였습니다. 핀족 사람들과 에일러트네 가족들은 특별히 가깝게 지내는 일이 없었습니다. 근처에 있는 낚시터가 너무 작아서 다른 사람과 함께 낚시질하는 것을 좋아하지 않았기 때문입니다.

그러나 에일러트는 부모님들이 좋아하지 않을 뿐 아니라 말리기까지 하는데도 불구하고 몰래 핀족 마을로 내려가곤 했습니다. 핀족 사람들은 이상한 이야기를 많이 알고 있었습니다. 그들에게서 에일러트는 산이 물러나는 이야기나, 원래 핀족이 살았던 곳에 대한 이야기와 마술사의 우두머리였던 핀 임금이 살았던 곳에 대한 놀라운 이야기들을 들을 수 있었습니다. 또 인어와 드라우그들이 지배하는 바다 밑 세상에 대한 이야기도 들었습니다.

그들의 말에 따르면 드라우그는 엉큼하고 무서운 괴물이랍니다. 드라우그에 대한 이야기를 들을 때면 에일러트는 너무나 무서워 피가 얼어붙는 것 같았습니다. 드라우그는 보통 달빛이 비치는 밤에 부서진 뱃조각으로 뒤덮인 바닷가에 나타난다고 했습니다. 그는 머리털 대신 해초로 뒤덮인 머리를 갖고 있고 얼굴은 너무나 이상하게 생겨서 그를 본 사람은 아무도 그의 창백하고 무시무시한 얼굴에서 눈을 뗄 수가 없다고 했습니다. 핀족 사람들은 실제로 여러 번 드라우그를 보았다고도 했습니다.

언젠가 한 번은 아침 나절 배에 앉아 있는 드라우그를 보고 그를 쫓아낸 뒤 배를 뒤집어 놓은 적도 있었답니다. 그런 이야기를 들은 뒤, 곶 주위를 돌아 해초더미를 넘어 해변을 따라 어둠 속에서 집으로 돌아올 때면 에일러트는 너무 무서워 주위를 둘러볼 엄두도 못 냈으며 이마에는 식은땀이 비 오듯 흘렀습니다.

사람들 사이에 적대감이 늘어나면 그에 따라 서로의 잘못된 점을 꼬집어 내게 마련이어서 에일러트는 그의 집에서 많은 핀족 사람들에 대한 흉을 끝없이 들었습니다. 별별 소리가 다 있었습니다. 심지어 사람들은, 핀족 사람들은 배를 젓는 것도 자기네들과는 달리 여자들처럼 높고 빠르게 저을 뿐 아니라 배 젓는 동안에도 '배 안에선 조용히' 하는 자기네들과는 달리 떠들고 시끄럽게 군다고 흉보았습니다.

이런 여러 가지 흉 가운데서 에일러트에게 가장 인상적이었던 것은 그들이 마술을 부리고 우상을 숭배한다는 이야기였습니다. 사람들은 도대체 문제될 것도 없는 사실을 흉보며, 핀족의 피를 가지고 있다는 것은 수치스러운 일이고 그들의 피 때문에 여느 사람들처럼 착하지 못하다는 이야기도 했습니다. 관리들이 교회 마당 한구석에 핀족만의 묘지를 만들게 하고 교회에서 핀족 구역을 따로 만드는 것도 모두 그런 까닭이라고 했습니다. 에일러트는 베르그 교회에 가서 자신의 두 눈으로 이런 말들이 사실임을 확인했습니다.

그는 이와 같은 이야기를 들으면 매우 화가 났습니다. 그는 저 아랫마을의 핀족 사람들, 특히 어여쁜 질라를 좋아하지 않을 수 없었습니다. 질라와 에일러트는 언제나 함께 있었습니다. 질라는 인어에 관해 많이 알고 있었습니다. 그러나 그녀와 함께 지낼 때엔 언제나 양심이 그를 괴롭혔습니다. 질라가 이야기를 하면서 그 큰 눈으로 쳐다볼 때마다 공연히 무서운 생각이 들곤 했습니다. 문득문득 질라와 그의 종족은 저주받은 사람들이기 때문

에 그런 것들을 잘 알고 있으리란 생각이 들었습니다.

그렇지만 한편으로는 질라에 대해 그렇게 생각하는 자기 자신에게 화가 나기도 했습니다. 질라도 자신에 대한 그의 이상한 행동 때문에 깜짝깜짝 놀랐습니다. 그의 그러한 행동을 도저히 이해할 수가 없었던 것이지요. 그러나 곧 전처럼 숨바꼭질을 시작해 모든 것을 잊고 깔깔거리며 웃고 놀았습니다.

그러던 어느 날, 에일러트는 질라가 바닷가의 바위 위에 앉아 있는 것을 보았습니다. 그녀는 죽은 지 얼마 안 되어 아직도 몸이 따뜻한 총에 맞은 오리를 무릎에 안고 슬프게 울고 있었습니다. 그 오리는 해마다 자기 집 헛간에 둥지를 틀었던 오리라고 흐느끼면서 말했습니다. 그러면서 오리의 하얀 가슴 속에 빨갛게 물든 깃털을 보여 주었습니다. 오리는 단 한 방의 총을 맞았는데 그 총 자국에서 빨간 피가 한 방울 떨어졌습니다. 둥지로 돌아가려고 애썼지만 가는 도중에 그만 죽어 버렸답니다.

질라는 가슴이 미어지는 듯 서럽게 울며 격렬하게 머리칼로 눈물을 닦았습니다. 에일러트는 보통 소년들이 하는 것처럼 그런 그녀를 비웃었습니다. 그렇지만 그의 그러한 행동이 너무나 과장되어서 얼굴이 하얗게 질릴 지경이었습니다. 그는 차마 바로 그날 곳 뒤에서 아버지의 총으로 멀리 떨어져 있는 바닷가에서 헤엄치고 있던 물새를 쏘았었다고 말할 수 없었습니다.

어느 가을 에일러트의 아버지는 아주 절망에 빠졌습니다. 그는 거의 날마다 아무것도 잡지 못했습니다. 그러나 핀족 사람들은 언제나 그득히 고기를 잡아들이는 것이었어요. 이렇게 되자 그의 집에서는 핀족 사람들에 대한 욕을 갑절로 해댔습니다. 밤을 새워 그들의 욕을 하면서 모두들 틀림없이 핀족의 마술이 고기잡이와 관계가 있을 거라고 이야기했습니다. 그들의 마술에 대항할 수 있는 유일한 방법은 시체 썩은 흙을 낚싯줄에 문지르는 것이라고 했습니다. 그렇지만 그렇게 할 경우에는 굉장한 주의가 필요하다고 했습니다. 만약 죽은 사람을 거슬려 복수를 받게 되면 큰일이니까요. 그러나 잘하기만 하면 뱃사람은 당장 힘을 얻을 수 있다고 했습니다.

이런 이야기를 들은 에일러트는 오랫동안 머리를 굴렸습니다. 그는 핀족 사람들을 잘 찾아갔기 때문에 그런 행위에 가담할 생각이 들었습니다.

다음 주일날 그와 핀족 사람들은 베르그의 교회 예배에 참석했습니다. 그는 몰래 한 핀족의 무덤에서 흙을 한 움큼 집어 주머니 속에 넣었습니다. 같은 날 저녁 집으로 돌아온 에일러트는 몰래 그의 아버지의 낚싯줄에 그 흙을 뿌렸습니다. 그런데 이상하게도 바로 그 다음날부터 그의 아버지는 그물을 던지기만 하면 예전처럼 많은 고기를 잡을 수 있었습니다.

그렇지만 이 일이 있은 후 에일러트의 불안은 말로 표

현할 수 없었습니다. 특히 불 가에 둘러서서 저녁 일을 하고 있을 때나 방구석이 컴컴해지면 특히 조심했습니다. 그는 언제나 주머니에 쇳조각을 넣고 앉아 있었습니다. 죽은 사람에게 '용서'를 비는 것만이 그가 한 잘못을 씻을 수 있는 유일한 방법이란 생각이 들었습니다. 그렇게 하지 않으면 배 밧줄로 꽁꽁 침대에 묶여 있다 할지라도 한밤중에 보이지 않는 손이 교회 마당으로 끌어낼지도 모를 일이었거든요.

다음 주일날 교회에 간 에일러트는 그 무덤으로 가서 매우 조심스럽게 죽은 이에게 용서를 빌었습니다.

에일러트는 나이가 들면서 핀족 사람들도 결국은 그 자신의 종족과 마찬가지로 훌륭한 사람들이라는 것을 깨달았습니다. 그러나 한편에서는 또 다른 생각이 그의 마음 깊숙히 자리잡고 있었습니다. 그 생각이란 말하자면 핀족은 부끄러운 결점을 가진 열등한 종족일 거라는 것이었어요. 그런 생각에도 불구하고 그는 질라와 만나지 않고는 견딜 수 없었기 때문에 두 사람은 전처럼 함께 지냈고 특히 그들이 견진성사를 받을 무렵에는 꼭 붙어 다녔습니다.

그러나 에일러트가 어른이 되어 교구 사람들과 더 자주 어울리게 되자 질라와의 오랜 우정이 그의 이웃들의 눈에 무언가 자기를 하찮게 보이게 한다고 생각하기 시작했습니다. 핀족의 핏속에는 무언가 수치스러운 것이 흐르고 있다는 것을 당연하게 여기지 않는 사람은 아무도 없었기 때문에 이제 그는 질라와 만나는 것을 피하게 되었습니다.

질라도 이러한 사실을 잘 알고 있었기 때문에 최근에 들어서는 그녀 스스로 에일러트를 피하려고 애썼습니다. 그러던 어느 날, 어렸을 때부터의 습관대로 질라는 에일러트의 집으로 내려와 다음날 교회 갈 때 그의 배로 태워다 달라고 부탁했습니다. 거기에는 마을 사람들이 많이 있었습니다. 그들이 자기와 질라가 약혼했다고 할까봐 겁이 난 에일러트는 모든 사람이 들을 수 있도록 "교회 청소나 하러 가지 그래? 그게 핀족 마술에 어울릴 텐데." 하고 조롱조로 말했습니다. 그래서 질라는 자신을 태워 줄 다른 사람을 찾아야만 했습니다.

그 이후 질라는 결코 그에게 말을 걸지 않았지만 에일러트는 그런 사실이 기쁘지만은 않았습니다.

어느 겨울날 에일러트는 그린란드의 상어를 잡으러 혼자 바다로 나갔습니다. 갑자기 상어 한 마리가 찌를 물었습니다. 배는 작고 상어는 매우 컸습니다. 그러나 에일러트는 굴복하지 않았고 그래서 배는 뒤집히고 말았습니다.

밤새도록 무서운 바다와 뿌연 안개에 싸여 에일러트는 배 꼭대기에 누워 있었습니다. 졸음 때문에 거의 기절할 정도가 된 그는 이제 죽음이 머지않았으며 이왕 죽으려면 차라리 더 빨리 죽는 게 낫겠다고 어렴풋이 생각하고 있었습니다. 바로 그때 그는 뱃사람의 옷을 입은 남자가 건너편 뱃바닥에 걸터앉아 심하게 충혈된 눈으로 야만스럽게 그를 쳐다보고 있는 것을 보았습니다. 그 사람은 너무 덩치가 커 그가 앉아 있는 뱃바닥의 끝이 천천히 가라앉기 시작했습니다. 그러고는 갑자기 사라졌습니다. 그러자 에일러트에게는 안개가 조금 걷히고 바다가 다시 잔잔해지면서 (적어도 이제는 잔잔한 물결밖에 일지 않았습니다.) 바로 그 앞에 배가 천천히 흘러가는 쪽으로 조그맣고 낮은 회색빛 섬이 보이는 듯했습니다.

그 바위섬은 바닷물이 지금 막 넘쳐흘렀던 것처럼 축축했는데 그 위에 아주 예쁜 눈을 가진 창백한 한 소녀가 있었습니다. 그녀는 초록빛 치마를 입고 핀족 사람들이 쓰는 것과 같은 무늬가 새겨진 넓은 은빛 허리띠를 했습니다. 그녀의 웃옷은 검은 갈색이었고 초록빛 바다풀처럼 보이는 코르셋 끈 밑에는 바다새의 깃털이 난 가슴같이 하얀 물거품 빛깔의 속옷을 입고 있었습니다.

배가 그 섬으로 가까이 가자 그녀가 그에게로 내려와 잘 아는 사람처럼 말했습니다.

"마침내 오셨군요. 에일러트! 전 오랫동안 당신을 기다렸답니다!"

그가 바닷가에 내리도록 도와 주는 그녀의 손을 잡았을 때 얼음처럼 차디찬 냉기가 등줄기를 타고 흐르는 것 같았습니다만 아주 잠깐 동안이어서 에일러트는 곧 잊어버리고 말았습니다.

섬 가운데에는 멋있는 오두막집으로 내려가는 놋쇠를 댄 층계가 있는 통로가 있었습니다. 그가 통로에서 잠시 생각에 잠겨 있는데 적어도 12자에서 14자 정도는 되어 보이는 살찐 돔발상어 두 마리가 가까이 헤엄쳐 오는 것이 보였습니다.

그들이 내려가자 그 돔발상어들도 따라 내려와 놋쇠를 댄 층계 양쪽에 각각 앉아 있었습니다. 이상하게도 섬은 투명한 것 같았습니다. 그가 놀라는 것을 보고 소녀는 그 돔발상어가 그녀 아버지의 경호원일 뿐이라고 설명했습니다. 그러자 곧 그 상어들은 사라졌습니다. 그러고 나서 그녀는 그를, 그들을 기다리고 있는 자기 아버지에게 데리고 가고 싶다고 말했습니다. 덧붙여 아버지가 그가 생각한 만큼 잘생긴 늙은 신사가 아니더라도 놀라지 말고 또 그가 앞으로 보는 것에 대해 너무 놀라지 말라고 이야기했습니다.

이제서야 그는 자신이 바다 밑에 와 있다는 사실을 깨달았습니다. 그러나 전혀 습기를 느낄 수 없었습니다. 그는 백묵처럼 흰 조개, 빨강 조개, 파랑 조개, 은빛 조개들로 뒤덮인 하얀 모래바닥에 서 있었습니다. 그는 바다풀로 된 목장과 해초나무숲으로 빽빽하게 들어찬 산과 바다새들이 나타나는 바위 근처에 새들처럼 많은 물고기들이 사방에서 돌아다니는 것을 보았습니다.

그들 두 사람이 함께 걷는 동안 소녀는 에일러트에게 여러 가지에 대해 설명했습니다. 위를 올려다보니, 밑은 하얀 검은 구름처럼 보이지만 앞면은 돔발상어를 닮은 것이 보였습니다.

"저기 보이는 것은 배예요."라고 소녀가 말했습니다.

"지금 저 위에는 날씨가 아주 사납기 때문에 아까 당신과 함께 바닥에 앉아 있었던 사람이 그 배가 부서지면 우리가 차지할 수 있도록 그 배 밑으로 갔어요. 만약 저 배를 우리가 차지하게 되면 당신은 오늘 우리 아버지와 만날 수 없을 거예요."

이런 말을 하는 그녀의 눈에는 굉장히 욕심 사나운 빛이 나타났지만 곧 사라져 버렸습니다.

그리고 실제로 그녀의 눈이 말하는 바를 알아내는 것은 쉬운 일이 아니었어요. 그녀의 눈은 바닷불을 번쩍거리게 하는 밤물결처럼 측량할 수 없을 정도로 어두웠습니다. 그러나 웃을 때는 햇빛이 바닷속 깊숙히 비치는 것처럼 화사한 짙은 초록빛을 띠며 반짝거렸습니다.

때때로 그들은 모래 속에 반쯤 묻혀 선실의 문과 유리창으로 물고기들이 헤엄쳐 넘나드는 배나 보트 곁을 지나갔습니다. 그 부서진 배 근처에는 파란 연기로 만들어진 것 같은 사람의 형상들이 헤매고 있었습니다. 에일러트의 안내자인 소녀는 이 형상들은 물에 빠져 기독교식으로 매장되지 못한 사람들의 혼이라고 가르쳐 주었습니다. 그리고 이렇게 죽은 사람들은 심술궂기 때문에 조심해야 한다고 덧붙였습니다. 그들은 언제나 그들 종족 가운데 누군가가 난파당하려 하면 황량한 밤에 드라우그의 모습으로 나타나 죽음의 경고를 울부짖는다고 했습니다.

그들은 깊고 어두운 골짜기를 건너 곧바로 계속 나아갔습니다. 가는 도중 그 위의 바위 벽에 북극광에서 나오는 것처럼 희미한 빛이 어둠을 뚫고 아래쪽으로 비치고 있는 네 귀퉁이가 하얀 문들이 줄지어 서 있는 것이 보였습니다. 이 골짜기는 핀마르크 바로 아래에 북동쪽 방향으로 펼쳐 있다고 소녀가 말했습니다. 그리고 그 하얀 문 안에는 바다에서 멸망한 옛 핀족의 왕들이 살고 있다고 말했습니다.

그녀가 가장 가까이 있는 문으로 가서 그 문을 열자 그곳에는 핀족의 제일 마지막 왕이 있었습니다. 그 왕은 자신이 마술로 바람을 가라앉히지 못하고 오히려 그 바람 때문에 배가 뒤집혀 물에 빠졌다고 합니다. 돌덩이 위에 쭈글쭈글한 노란 피부의 핀족 사람 하나가 눈동자를 굴리며 잘 닦은 짙은 빨간색 왕관을 쓰고 앉아 있었습니다. 그의 커다란 머리는 바닷물이 흐르는 소용돌이 속에 있는 것처럼 그의 마른 목 위에서 앞뒤로 흔들거렸습니다.

그 옆에는 같은 돌덩이 위에 훨씬 더 쪼글쪼글하고 조

그만 노란 피부의 여인이 앉아 있었습니다. 그 여자도 역시 왕관을 썼으며 옷은 각종 빛깔의 돌멩이로 덮여 있었습니다. 그녀는 맥주를 막대기로 젓고 있었습니다. 그 밑에 불만 있다면 그녀와 남편은 곧 다시 짠 바다를 지배할 수 있을 거라고 소녀가 에일러트에게 말해 주었습니다. 그녀가 젓고 있는 것은 마법의 물질이기 때문이랍니다.

길모퉁이에서 그들 앞에 곧바로 펼쳐진 평원 가운데 조그만 마을처럼 집이 몇 채 서 있었습니다. 조금 더 가니 뾰족한 철탑을 가진 교회가 물 속에 비치는 것처럼 뒤집혀 있는 것이 보였습니다. 소녀는 그에게 자기 아버지가 이 집에서 살며 그 교회는 헬그랜드와 핀마르크 너머로 펼쳐져 있는 그의 왕국에 서 있는 일곱 개의 교회 가운데 하나라고 설명했습니다.

아직 그 교회에선 예배를 드린 적이 없지만, 갈색 서재에 거꾸로 앉아 있는 물에 빠진 주교가 예배드릴 주님의 이름을 알아내기만 하면 예배를 드릴 수 있으며, 그렇게 되면 모든 드라우그들도 교회에 갈 거라고 말했습니다. 그 주교는 팔백 년 동안이나 그 문제를 생각하며 앉아 있었기 때문에 곧 생각해 내리라는 것은 의심할 여지가 없는 일이라고 소녀가 말했습니다. 백 년 전에 주교는 그 주님의 이름을 알아내러 드라우그 가운데 한 명을 뢰되 교회로 보내라고 그들에게 충고했었답니다. 그러나 매번 그 소리를 알아들을 수 없었다는 보고만 들었답니다.

또 바다 밑에 있는 쿠난 산에는 올라프 왕이 순금으로 만든 교회 종이 달려 있는데 노들랜드로 온 첫번째 신부가 서서 지키고 있답니다. 어느 날 그 신부가 그 종을 치면 쿠난은 커다란 돌로 된 교회가 되어 바다 위아래에 있는 모든 노드랜드 사람들이 그 교회로 가게 될 거라고도 말했습니다. 그러나 너무 많은 시간이 흘러갔기 때문에 주교는 이 바다 밑으로 내려온 사람들 모두에게 그 주님의 이름을 아는지 확인해 본답니다.

이 말을 듣고 에일러트는 이상하게 생각했지만 훨씬 더 이상한 것은 놀랍게도 자기 자신도 이젠 주의 이름을 잊어버렸다는 사실이었습니다.

그가 생각에 잠겨 그곳에 서 있자 소녀는 걱정스럽게 그를 쳐다보았습니다. 그녀는 그가 그 이름을 생각해 낼 수 있도록 도와 주고 싶지만 도울 수가 없어서 매우 안타까워하는 듯했습니다. 그녀의 얼굴은 곧 죽은 듯이 창백해졌습니다.

그들이 지금 막 다다른 드라우그의 집은 배의 용골과 부서진 배의 큰 조각들로 지어져 있었습니다. 그 집의 틈마다 각종 바다풀과 끈적끈적한 초록빛 물질이 자라고 있었습니다. 조개류로 뒤덮인 매우 무거운 세 개의 초록빛 기둥이 입구를 이루었고 문은 바닥에 가라앉았던 판

자로 만들어졌는데 그 판자에는 꾸부러진 못들이 다닥다닥 붙어 있었습니다. 그 한가운데 문 두드리는 고리를 닮은 굉장히 녹이 슨 쇠로 된 고리가 있었는데 다 떨어진 밧줄 조각이 거기에 매달려 있었습니다. 그들이 그 위로 올라가니 커다란 검은 팔이 뻗어 나와 문을 열었습니다.

그들은 이제 마루에 멋있는 조개모래가 깔린 둥근 천장을 가진 방에 이르렀습니다. 구석에는 각종 밧줄과 실과 배의 기어가 있었고 양동이와 통 및 배의 각종 부속품들도 있었습니다. 오래 된 빨간 헝겊으로 기운 돛으로 덮인 실더미에서 에일러트는 넓은 어깨를 가진 건장한 드라우그를 보았습니다. 그 드라우그는 헝클어진 짙은 빨간색 머리와 수염을 갖고 있었으며, 눈물이 그렁그렁한 돔발상어 눈에다, 그 주위에 마음씨 좋은 뱃사람의 웃음이 배어 있는 커다란 입을 하고 있었습니다. 그의 머리 모양은 커다란 물개를 연상시켰으며 목 근처의 살갗은 검고 털이 많이 난 듯했고 손가락은 끝이 붙어 있었습니다. 그는 거꾸로 된 바다 장화를 신고 거기에 앉아 있었는데 그의 두꺼운 회색 털양말은 넓적다리까지 올라왔습니다. 그는 조끼에 밝은 유리 단추를 단 값싼 모직 옷을 입고 있었습니다. 그의 넓은 겉옷은 단추가 채워져 있지 않았고 목에는 값싼 빨간 털 스카프를 하고 있었습니다.

에일러트가 올라가니까 그는 일어날 듯한 자세를 취하며 상냥하게 말했습니다.

"안녕, 에일러트. 오늘 참 어려운 일을 했구나. 원하면 여기 앉아서 먹을 것을 들어라. 내 생각엔 분명히 배가 고플 것 같은데."라고 말하면서 고래의 분수처럼 씹는 담배를 뿜어냈습니다.

특별한 경우에는 즉각 아주 길게 늘어나는 한쪽 다리로 구석에서 진짜 노들랜드 식으로 고래의 해골을 끄집어내 에일러트에게 앉게 하고, 손을 앞으로 내밀어 일류 요리로 가득 찬 긴 배의 서랍을 열었습니다. 거기에는 끓인 밀과 건어물, 버터 바른 귀리 과자와 커다란 과자더미, 많은 최고급 호텔의 요리들이 들어 있었습니다.

그 드라우그는 그에게 실컷 먹으라고 말한 뒤 그의 딸에게 마지막 남은 독한 술통을 가져오라고 시켰습니다.

그는 "술 같은 것은 맨 마지막 것이 언제나 제일 좋거든."이라고 말했습니다.

소녀가 그것을 가져왔을 때 에일러트는 어디서 본 적이 있는 것이라고 생각했습니다. 그 술은 그의 아버지의 것으로 에일러트 자신이 바로 며칠 전에 크배포드에 있는 도매상에서 그 사온 브랜디였습니다. 그러나 그는 아무 말도 하지 않았습니다.

드라우그가 술을 마시기 전에 입 속에서 조금 참을성 없이 굴리고 있는 씹는 담배조차도 자신의 낚싯줄 위에 있던 납 조각과 놀라울 정도로 닮아 보였습니다. 처음에 에일러트는 그 독한 술을 마시고 어찌할 바를 몰라 입 속이 다 아픈 것 같았지만 점차 아주 부드럽게 넘어갔습 니다.

그들은 한동안 아주 조용히 앉아서 술잔을 거듭 기울 였습니다. 이제는 충분히 마셨다고 생각한 에일러트가 다시 그의 차례가 되었을 때 마시지 않겠노라고, 안 마 시는 것이 낫겠노라고 말했습니다. 그러자 그 드라우그 는 술병을 자기 입으로 가져다 마지막 한 방울까지 모두 마셔 버렸습니다. 그러고는 그의 긴 팔을 선반 위로 뻗 쳐 다른 술병을 꺼냈습니다. 그는 기분이 더 좋아져서 여러 가지 이야기를 하기 시작했습니다. 그러나 그가 웃 을 때마다 에일러트는 이상한 느낌이 들었습니다. 드라 우그는 입을 무섭게 크게 벌렸고 그 입 속으로 초록빛 나는 뾰족한 이빨이 보였는데 그 이빨들은 이빨 사이의 간격이 떠서 마치 배의 막대기가 줄 서 있는 것 같았습 니다.

그 드라우그는 술병을 거듭 비웠고 술이 취해 감에 따 라 점점 더 말이 많아졌습니다. 마음속으로 아주 재미있 는 것을 생각하는 듯한 태도로 잠시 에일러트를 보면서 눈을 깜박거렸습니다. 에일러트는 그의 표정이 도대체 마음에 들지 않았습니다. 그에게는 그 드라우그가 이렇 게 말하는 것만 같았습니다.

"자 젊은이, 내가 아주 멋지게 너를 낚아 올렸으니 앞으로 무슨 일이 일어나나 기대해 보게!"

그러나 그 말 대신 드라우그는 이렇게 말했습니다.

"지난밤에는 참 어렵게 밤을 지샜지, 에일러트. 그러나 만약 네가 시체 썩은 흙을 낚싯줄에 뿌리지 않고 내 딸을 교회에 데리고 가는 것을 거절하지 않았더라면 그렇게 힘들지는 않았을걸……"

여기서 그는 갑자기 너무 말을 많이 했다는 듯이 그 말을 끝맺지도 않은 채 그만두고 브랜디 병을 다시 한 번 입으로 가져갔습니다. 그러나 그 순간 무서운 증오로 가득 차 있는 그의 눈길을 본 에일러트는 등줄기가 오싹해졌습니다.

아주 오랫동안 천천히 한 모금 마신 후 그는 다시 입에서 술병을 떼고 나서 즐거운 기분으로 돌아가 이 이야기 저 이야기를 했습니다. 그는 자꾸자꾸 몸을 돛 밖으로 뻗치면서 자기 자신의 이야기에 도취되어 웃고 만족한 듯이 미소 지었습니다. 그의 익살은 언제나 난파선과 물에 빠진 사람에 관한 것이었습니다. 때때로 에일러트는 그의 웃음 소리를 차디찬 광풍처럼 느꼈습니다. 사람들이 배를 포기하기만 하면 그는 선원들의 목숨을 빼앗을 생각은 그다지 없다고 말했습니다. 그가 찾는 것은 물에 뜨는 나무나 배의 목재들이라고 말했습니다. 그에게 정말로 보트나 배가 필요한데 그 재료가 남은 게 없어서 배를 난파시켰음을 알게 된다면 아무도 자신을 비난하지 못할 것이라고도 말했습니다.

그렇게 말하면서 그는 병을 비워 내려놓고 다시 전처럼 우울해졌습니다. 그는 지금이 그와 소녀를 위해 얼마나 안 좋은 때인가를 말하기 시작했습니다. 이제는 전과 다르다고 말했습니다. 그는 깊은 생각에 잠긴 것처럼 한동안 멍하니 앞을 바라보았습니다. 그러다가 큰 대 자로 뒤로 몸을 쭉 뻗치고 다리를 마루 위로 곧바로 편 뒤 아주 무섭게 숨을 헐떡거렸는데 그럴 때 그의 위턱과 아래턱은 두 개의 용골이 서로 맞부딪치는 것 같았습니다. 그리고는 돛 쪽으로 목을 돌린 채 꾸벅꾸벅 졸았습니다.

그때 소녀가 다시 에일러트의 옆에 서서 따라오라고 말했습니다.

그들은 이제 같은 길을 되돌아 다시 바위 위로 올라왔습니다. 그녀는 자기 아버지가 그에게 그렇게 심하게 군 이유는, 질라가 교회에 가고 싶다고 했을 때 교회 청소나 하라고 모욕적인 말로 조롱했었기 때문이라고 말했습니다. 그리고 그의 아버지는 바다 밑에 사는 사람들이 그렇게도 알고자 하는 주님의 이름을 에일러트는 기억하고 있으리라고 생각하고 있다고 덧붙였습니다. 그러나 자기 아버지에게 오면서 이야기하는 도중 그도 역시 그 이름을 잊어버렸다는 것을 알았다고 하면서 그러니 이제는 자신의 생명을 돌보아야만 한다고 했습니다.

그 늙은 드라우그가 그 이름에 관해 묻기 시작하려면 상당히 많은 시간이 더 있어야 될 테니까 도망갈 힘을 축적하기 위해 그때까지 잠을 자두라고 했습니다. 그리고 소녀가 망을 봐주었습니다.

소녀는 자신의 긴 머리카락을 커튼처럼 그의 주위에 늘어뜨렸습니다. 그는 그녀의 눈이 낯익은 것처럼 생각되었습니다. 에일러트는 하얀 바다새의 가슴에 기대어 쉬는 것처럼 느껴졌습니다. 그것은 아주 따뜻해서 잠이 솔솔 왔는데 그 한가운데 있는 빨갛게 물든 깃털 하나가 어두운 기억을 되살렸습니다. 그는 점차 잠에 빠져 들면서 그녀가 부르는 자장가 소리를 들었습니다. 그 자장가는 어느 화창한 날 해변을 따라 잔물결을 살랑거리며 몰려오던 파도를 생각나게 했습니다. 그 노래는 한때 그들이 얼마나 다정한 소꿉동무였으며 나중에 어떻게 그가 그녀에게 냉담해졌는가에 관한 것이었습니다. 그러나 그녀가 부른 노래 가운데서 마지막 구절만 기억할 수 있었습니다. 그것은 다음과 같았습니다.

오! 당신, 생각나지 않나요?
우리 함께 노닐던 바닷가에서
예쁜 고기 잡았던 수많은 날이
발 밑을 구르는 파도와 경주하고
숨어 있는 인어를 속이곤 했죠.

파도가 출렁이고 미풍이 한숨질 때
내 자장가에서 많은 게 생각나겠죠.
이제 누가 당신 뺨에 눈물 흘리나?
당신께 넋을 드린 바로 그녀죠.
그녀의 넋이 당신 속에 살았죠.
그러나 오리인 내가 집으로 갈 때
당신은 바위 밑에 엎드려
총으로 나를 겨눴었지요.
당신은 내 가슴을 쏘았어요.
당신이 본 피는 내가 지닌
오! 사랑하는 당신의 흔적이었죠.

에일러트는 그녀가 울고 있는 것처럼 여겨졌습니다. 그리고 때때로 바닷물 방울 같은 것이 볼에 떨어지는 것 같았습니다. 그는 이제 그가 그녀를 얼마나 사랑했었나를 깨달았습니다.

다음 순간 그는 다시 불안해졌습니다. 고래 한 마리가 바로 바위에 올라와 에일러트에게 서둘러야 한다고 말하는 것처럼 그에게 등을 돌렸습니다. 에일러트는 고래 등에 서서 노의 자루를 고래 콧구멍에 끼워 다시 바다 밑으로 내려가지 않도록 했습니다. 그는 노를 좌우로 돌리기만 하면 고래가 조종될 수 있다는 것을 알았습니다.

그들은 이제 커다란 섬들이 조그만 바위처럼 휙휙 지나갈 정도로 빨리 핀마르크의 해변을 따라 항해했습니다. 그 뒤에서 드라우그가 그의 배를 타고 오는 것이 보였습니다. 그는 물거품이 중간 돛대 높이까지 솟아오를 정도로 빠르게 달려오고 있었습니다. 잠시 후 그는 다시 바위 위에 누워 있었고 젊은 처녀가 눈부시게 환하게 웃었습니다. 그녀는 그에게 얼굴을 숙이며 말했습니다.

"저예요, 에일러트."

그 말을 듣고 깨어난 에일러트는 젖은 바위를 비추는 햇볕 아래 인어 아가씨가 옆에 앉아 있는 것을 보았습니다. 그러나 곧 모든 것이 그의 눈앞에서 변했습니다. 핀족의 오두막집 침상 위의 창문을 통해 햇빛이 비치고 있었고 그의 옆에는 질라가 그의 등을 받치고 있었습니다. 그들은 그가 곧 죽을 거라고 생각하고 있었답니다. 그는 육 주일 동안이나 그곳에서 헛소리를 하며 누워 있었던 겁니다. 핀족 사람들이 배가 뒤집혀 물에 빠진 그를 구한 후 이제 처음으로 그가 의식이 들었다고 했습니다.

그때부터 그에게는 핀족의 혈통에 관해 모욕하거나 멸시하는 것처럼 말도 안 되고 주제넘은 짓은 없다는 생각이 들었습니다. 그해 봄 그와 핀족 처녀 질라는 약혼을 하고 가을에 결혼하였습니다.

결혼 행렬에는 핀족 사람들도 참가했습니다. 아마도 많은 사람들이 이러쿵저러쿵 말을 하겠지요. 그러나 결

혼식에 참석한 모든 사람들은 제금장이 —— 그도 역시
핀족 사람이었죠 —— 는 전 교구에서 가장 훌륭한 제금
장이고, 신부는 가장 예쁜 처녀라는 데 의견을 모았답니
다.

  * 조나스 리가 엮은 "북해의 귀신 이야기"에서 옮김.

제 2 부

인어와 바다 괴물

에멀루어드의 인어 아가씨

주이더 지 제방이 건너다보이는 쇼클랜드 섬에 에멀루어드란 마을이 있었습니다. 조그마한 빨간 집들이 옹기종기 모여 있는 이 바람받이 마을에 에멀루어드에 살았던 맨쉐라는 소녀가 살고 있었습니다.

맨쉐에게는 동인도 회사의 선원이었던 잔 비울이라는 애인이 있었습니다. 두 사람은 잔이 다음 항해에서 돌아오면 결혼하기로 되어 있었는데, 맨쉐가 혼수감을 준비하기 시작한 어느 날 밤 그녀는 이상한 꿈을 꾸었습니다.

그녀는 잔이 부서진 빨간 탑 바닥에 서 있는 것을 보았습니다. 가끔 초록빛으로 변하는 이상한 파란빛 때문에 밤인지 낮인지도 알 수 없었습니다. 탑은 한 번도 본 적이 없던 낯선 덩굴식물로 덮여 있었습니다. 잔은 거기에 서서 바지만 입은 채 머리에 피가 밴 수건을 두르고 그녀를 부르고 있었습니다.

이상한 것은 그가 부르는 모습은 볼 수 있어도 소리가 들리지 않는다는 점이었습니다. 그녀는 그의 입술이 아무 소리도 없이 움직이는 모습을 보았는데 마치 두꺼운 유리판 속에서 자기 말을 들리게 하려고 애쓰는 것 같았습니다. 그녀는 그의 말을 알아들으려 애썼고, 잔은 들리게 하려고 애썼지만 그 거리를 메울 수가 없었으므로 맨쉐는 매우 다급해서 깨어났습니다. 약혼자가 위험에 처해서 그녀의 도움을 바란다는 것은 분명했지만 어떻게 해야 할지 알 수 없었습니다.

다음날도 꼭 같은 꿈을 또 꾸었습니다. 또다시 그녀는 잔이 초록빛에서 푸른빛으로 변하는 빛을 받고 있는 저 이상한 탑 바닥에 서 있는 것을 보았습니다. 또다시 그는 그가 하는 말을 맨쉐가 알아듣게 하려고 애썼으나 그 두꺼운 유리벽 같은 고요를 뚫을 수는 없었습니다.

그러나 그녀가 잠에서 깨어나기 전에 그는 전하려는 말을 두 마디로 요약한 듯했습니다. 그는 그 두 마디를 천천히 되풀이해서 그의 입모양으로 호소하듯이 계속했습니다. 맨쉐가 깰 때까지 계속 두 마디를 반복했지만 맨쉐는 무슨 말인지 도저히 알아들을 수 없었습니다.

다음날 내내 몇 번이나 그 꿈을 꾸었습니다. 그 꿈은 언제나 같았습니다. 탑과 덩굴식물과 초록빛과 고요함, 그리고 지치고 몸을 다친 잔이 두 마디를 전하려고 애쓰는 모습. 맨쉐는 그 두 마디를 알아들을 수 없었기 때문에 언제나 울면서 잠에서 깨어났습니다.

그녀가 마지막으로 그 꿈을 꾸고 난 보름 뒤 잔이 탄 배가 실종됐다는 소식이 날아들었습니다. 사람들이 그녀를 위로하러 왔습니다. 그러나 맨쉐는 사람들의 기분을 상하게 하지 않으려고 그들이 무슨 말을 하건 잠자코 듣고 있었지만 한 순간도 잔이 죽었다고는 믿지 않았습니다. 분명히 잔은 초록 햇빛이 비치는 빨간 탑의 어디엔가에 서서 그녀를 부르고 있을 테니까요. 맨쉐는 그녀가 가진 모든 것을 주고서라도 그를 도우리라고 결심했습니다.

그러나 맨쉐가 할 수 있는 일은 아무것도 없었습니다. 동인도로 가는 배를 탈까도 생각했지만 누구도 그 배가 실종된 장소를 정확히 알지 못했습니다. 맨쉐는 그곳에 남아서 그들을 갈라놓은 두꺼운 유리판을 넘어 서로에게 다다를 수 있을 때까지 기다리기로 작정했습니다. 그 이후도 여러 번 그 꿈을 꾸어 이젠 차차로 그 첫마디가 '네'이고 둘째 마디에는 'ㅎ' 자가 들어간다는 것은 분명해졌지만 둘째 마디가 무엇인지를 알아낼 수 없었습니다.

깨어 있는 삶은 점점 더 의미가 없어졌습니다. 언젠가 잔이나 잔의 배에 관한 소식을 누군가가 가져오리라는 희망이 없다면, 차라리 맨쉐는 언제나 잠자며 꿈꾸기만 바랐습니다.

매일 밤 그녀는 자신의 조그만 집에 혼자 앉아 잔을 위해 양말을 짜면서 램프 불 밑에서 귀를 기울이고 있었습니다. 멀리서 철벅거리는 소리와 닻을 만에 드리우는 떨걱 소리가 들리면 언제나 그녀는 숄을 걸치고 어둠 속으로 나아가 첫 배가 해변에 닿는 것을 기다렸습니다. 무슨 배든지 그녀는 언제나 변함없이 같은 질문을 되풀이했습니다.

"동인도 회사 깃발을 단 '희망'호를 만난 적이 있나요?"

배에 탄 사람들은 그녀의 눈 속에 깃들인 진지한 청순함 때문에 언제나 친절했습니다. 그들은 이렇게 대답하곤 했습니다.

"확실히는 못 보았지만 멀리서 지나간 배는 많았으니까 그 가운데 있었는지도 모르겠는데요."

그러면 맨쉐는 또 이렇게 물었습니다.

"혹시 잔 비율이라는 선원에 관한 소식은 못 들으셨어요? 배를 바꿔 탔을지도 모르는데요."

그러면 뱃사람들은 안됐다는 생각 때문에 얼버무리듯 대답했습니다.

"모르겠는데요."

이러한 일은 여러 달 동안 계속되었습니다. 맨쉐는 수없이 많은 밤, 안개가 끼거나 달이 밝거나 폭풍우가 몰아치는 밤에도 같은 질문을 되풀이했습니다. 눈보라 속에서도, 광풍이 몰아쳐도 또 여름날 미풍이 불 때도 그 물음을 되풀이했지만 언제나 똑같은 대답만을 들을 수 있었습니다. 그녀는 언제나 "여러분 감사합니다." 하며 예의바르게 대답한 후 둑을 따라 되돌아갔습니다. 그러고는 참을성 있게 등불 밑에서 혼자 뜨개질을 다시 시작했습니다.

잔이 실종된 지 거의 일 년이 다 된 어느 날 밤, 달빛도 미풍도 없고 안개만이 쇼클랜드 섬을 둘러싸고 있던 밤에 맨쉐는 철벅거리는 소리와 닻이 만에 내려지는 떨걱 소리를 분명하게 들었습니다. 맨쉐는 등불 아래서 얼굴을 쳐들고 이상하게 생각했습니다. 바람도 없고 아무것도 보이지 않는 밤에 배를 그 섬에 댄다는 것은 참 이상한 일이었습니다. 항구에 정박한 배들은 죽은 듯이 누워 있었고 배의 밧줄은 돛 위에 조용히 걸려 있었으며 마을 사람은 모두 잠들어 있었기 때문에 밤에는 어떤 배도 이 섬에 닿을 수 없었습니다.

맨쉐는 일어나 어깨에 숄을 두르고 둑으로 올라갔습니다. 언제나 둑을 따라 배가 정박해 있는 선창으로 향하곤 했지만 그날 밤은 한 발짝 앞도 내다볼 수 없을 정도로 안개가 짙게 끼어 있었기 때문에 맨쉐는 조용히 서서 귀를 기울이고 있었습니다.

분명히 안개 속에서 다가오고 있는 노의 삐걱이는 소리와 뱃머리에 부딪치는 물결 소리를 들을 수 있었으며 뱃사람들의 신음 소리와 키에 걸린 사슬의 절격거리는 소리도 들을 수 있었지만 아무것도 볼 수는 없었습니다. 그 소리는 곧바로 그녀를 향해 다가오는 듯했으며, 잔이 떠난 이래 그녀는 처음으로 혼자 있다는 두려움을 느꼈습니다.

그러고선 둑의 돌에 부딪치는 배의 철판이 긁히는 소리와 당기는 노 소리와 배에서 내려 얕은 물로 나오는 사람들의 철벅거리는 소리가 들렸습니다. 그리고 갑자기 징 박은 구두가 바위에 긁히는 소리가 들리면서 희미한 빛이 그녀를 향해 올라오고 있었습니다.

그 빛은 맨쉐가 아주 구식의 전등을 알아볼 수 있을 정도로 점점 더 가까이 다가왔습니다. 그러고는 조용히 그 빛은 멈췄고 발소리도 멈췄습니다. 맨쉐는 전등을 제외하고는 아무것도 볼 수 없었습니다. 그러나 그녀는 주위가 안개에 가려 사람들이 보이지 않는다고 생각하고 보이지 않는 사람들에게 물었습니다.

"동인도 회사 깃발을 단 '희망'이란 배를 본 적이 있나요?"라고 물으면서 그녀는 처음으로 이전에 이러한 질문을 얼마나 자주 했던가를 깨달았습니다. 전등은 안개 속에서 움직이지도 않은 채 비치고 있었고 한 목소리가 "보았지요."라고 대답했습니다. 그곳을 향해 맨쉐는 몸을 돌렸습니다.

갑자기 두려워진 맨쉐가 다음 질문을 던지기까지에는

꽤 시간이 걸렸습니다. 이것은 거의 일 년 동안 기다려 왔던 대답이었지만 실제 그 대답을 듣고 난 지금 써늘한 두려움이 다리를 타고 기어올라오는 것을 느꼈습니다.

"그러면 잔 비울이라는 선원에 대한 소식을 들으신 적이 있나요? 어쩌면 배를 바꿔 탔을지도 모르는데요."라고 물었습니다.

다시 전등이 곧바로 몇 분 동안 안개 속에서 움직임도 없이 비치더니 전의 그 목소리가 대답했습니다.

"들었지요."

맨쉐는 두려움이 머리끝까지 올라와 입술이 마비될 지경이었습니다.

"그가 어디 있는지 아세요?"라고 맨쉐는 기어들어가는 목소리로 물었습니다.

다시 그 목소리가 대답했습니다.

"압니다."

마침내 그녀는 마지막 물음을 던졌고 말하기 전부터 그 행동이 자신의 일생을 결정하리라는 것을 깨닫고 있었습니다. 그 물음을 던진다는 것은 여태까지 그녀가 한 일 가운데 가장 용감한 행동이었습니다. 그러나 자신이 가진 모든 것을 바쳐서라도 잔을 돕겠다고 결심하고서, 맨쉐는 용감하게 움직이지 않는 전등을 바라보며 말했습니다.

"저를 그에게 데려다 줄 수 있으세요?"

그 물음에 대해 오랫동안 대답이 없어 맨쉐는 다시 되풀이했습니다. 그러자 그 목소리가 대답했습니다.

"데려다 줄 수는 있지요. 그렇지만 비싼 대가를 치러야 합니다."

"그것은 상관없어요. 제 것은 무엇이라도 가져도 좋아요. 값을 말해 보세요."라고 말했습니다.

그 목소리가 대답했습니다.

"당신 영혼이 그 값이오."

맨쉐가 꿈마다 잔이 자신에게 전하려 했던 두 번째 말이 무엇인지를 안 것은 바로 그 순간이었습니다. 그것은 '혼'이라는 말이었습니다.

맨쉐는 망설이지 않았습니다. 짐을 꾸리거나 나막신을 신기 위해 집으로 돌아가지도 않았습니다. 그냥 그대로 떠났습니다. 슬리퍼를 신고 어깨에 숄을 걸친 채로. 닻 내리는 소리와 철벅거리는 소리를 들었을 때 머리에 찔러 놨던 뜨개질 바늘도 맨쉐는 그대로 꽂고 갔습니다. 전등이 바다를 향해 둑 아래로 그녀를 안내했고 보이지 않는 사람들이 보이지 않는 배를 향해 건너가면서 내는 철벅거리는 소리를 들었습니다.

아무도 그녀를 도와 주려 하지 않았기 때문에 슬리퍼를 벗어 앞치마에 싸고 치마를 들어올리고 전등 빛을 따라 얼음처럼 찬 물을 건넜습니다. 안개 속에서 반짝이는 배의 옆면이 보이자 혼자 힘으로 배에 기어올랐습니다.

　물방울을 뚝뚝 떨어뜨리며 긴 의자의 가운데 앉자마자 노들이 부딪는 소리를 내고 용골판이 바위로부터 미끄러져 배가 어둠 속에서 이리저리 흔들렸습니다.

　등불은 사라지고 맨쉐는 그녀를 둘러싸고 있는 물을 가르는 노 젓는 소리를 들으며 안개 속에서 떨면서 조용히 앉아 있었습니다. 거의 1시간 반 동안이나 그렇게 앉아 있었습니다. 그러자 등불이 다시 비치고 그녀는 옆에 서 있는 큰 배 옆구리의 번쩍이는 벽 같은 것을 보았습니다. 줄사다리가 내려져 그 위로 기어올라갔습니다. 조그맣게 흔들리는 등불의 빛이 그녀를 따라와 맨쉐가 자신의 그림자 속으로 올라가도록 했습니다.

　난간을 통해 기어올라가 아무도 없는 드넓은 갑판 위에 섰습니다. 등불이 그녀 옆으로 다가오면서 그 목소리가 말했습니다.

　"따라오시오."

　작은 선실로 인도되었는데 처음 보기에는 보통 선실과 다를 바가 없었습니다. 등불을 그녀에게 주면서 목소리가 "주무세요."라고 말하고 난 뒤 문 닫히는 소리와 자물쇠를 잠그는 소리가 들렸습니다.

　옷을 벗고 솔을 선실에 있는 의자에 걸면서 맨쉐는 이 방이 여느 선실과는 전혀 다르다는 것을 깨달았습니다. 의자를 들어 침상 가까이로 끌려 했으나 너무 무거워 움직일 수가 없었습니다. 의자는 돌로 만들어져 있었습니다. 그녀는 처음에는 아무렇지도 않게 보였던 주위에 있는 작은 물건들을 둘러보았습니다. 그것들은 모두 납이나 돌로 만들어진 것이었습니다.

옷을 다 벗고 침상에 올라가 모포를 들어올리기 위해 양손을 다 사용해야만 했습니다. 왜냐하면 그것은 쇠고리로 촘촘히 짠 모포였기 때문이었습니다. 모포 속에서 몸을 펴기 위해 몸부림을 쳤고 머리를 베개 위에 놓자마자 베개가 딱딱하고 불편하게 느껴졌습니다. 그것은 모래로 채워져 있었습니다.

천장을 바라보며 똑바로 누운 맨쉐는 쇠 모포와 모래든 베개 때문에 점점 더 추워졌습니다. 손을 오므려 기도하려 했지만 손가락을 끼다 말고 그냥 가만히 누워 버렸습니다. 이제 그녀의 영혼을 위해 기도하는 것은 아무 짝에도 쓸모가 없었기 때문입니다. 눈을 감고 생각했습니다.

'안녕, 삶이여. 마른 그물을 지나는 바람아 안녕. 갓 다림질한 앞치마 냄새여 안녕. 안녕, 쇼클랜드. 나의 집, 안녕.'

여기에 생각이 미치자 맨쉐는 자기 자신에 대해 서글픈 느낌이 들었습니다. 그러나 그때 그녀의 감긴 눈의 어둠 가운데 한 영상이 어슴푸레 나타났습니다. 알 수 없는 덩굴식물로 뒤덮인 붉은 탑과 그녀의 이름을 부르고 있는 머리에 피 밴 수건을 둘러맨 한 청년. 맨쉐는 미소 지었습니다. 왜냐하면 이제는 어떤 것에도 안녕이라고 말할 필요가 없었기 때문입니다. 그녀의 생명은 바로 그였으니까요. 입가에 미소를 띤 채 그녀는 잠이 들었습니다.

깨어나 보니, 이제는 등불이 비치지 않았습니다. 선실에는 다른 빛이 있었습니다. 꿈속에서 여러 번 보았던 저 이상한 푸른 초록빛이었습니다. 그녀는 이것을 처음 보고는 공포에 사로잡혔습니다. 머리카락이 쭈뼛 솟아 천장에 닿아 이리저리 움직이는 것 같았습니다. 너무나 추워서 몸뚱이가 없어진 것같이 느껴질 정도였습니다. 모포를 옆으로 밀쳤을 때 모포가 어젯밤보다는 훨씬 가벼워져 있었습니다.

그러나 모포를 젖히고 나서 그녀는 거의 심장을 멈추게 할 정도로 이상한 광경을 보았기 때문에 이 점을 알아차리지 못했습니다. 그녀의 아랫도리가 빛나는 물고기 모양으로 변했던 것입니다.

놀라서 자신의 비늘과 한때 다리였던 갈라진 지느러미를 쳐다보고 있는데 한 재빠른 그림자가 머리 위로 지나갔습니다. 올려다보니 열려진 배의 창문으로 헤엄쳐 들어와 이제 선실 한가운데를 떠다니는 귀여운 물고기였습니다. 그 작은 고기는 머리 옆에 솟아난 하나 있는 금빛 눈으로 이상한 듯이 그녀를 쳐다보다 방향을 돌리더니 등불 주위를 헤엄치다 다이빙해서 그녀의 옷을 입질했습니다. 그녀가 천천히 그 물고기를 향해 손을 뻗치자 은빛 줄무늬를 만들며 배의 창문으로 뛰쳐나가 초록빛 속으로 들어갔습니다. 팔꿈치를 들어올리면서 맨쉐는 자신이 얼마나 가벼운가에 놀랐습니다. 그리고 창문 밖을 내다보고 자신이 어디 있는지를 알아차렸습니다.

그 배는 폐허가 된 마을의 황폐한 시장터에 놓여 있었습니다. 시장 맞은편에, 탑은 부서져 버린 붉은 벽돌로 된 지붕 없는 교회가 있었습니다. 그 탑은 무엇인지 알 수 없는 이상한 덩굴식물로 뒤덮여 있었습니다. 그것은 해초였습니다.

침상에서 일어났지만 떠다니고 있었기 때문에 마룻바닥에 발을 댈 수 없었습니다. 그녀의 꼬리는 매우 강했습니다. 걸으려고 했을 때 너무 앞으로 나가 머리를 벽에 부딪쳤는데 그녀의 비명 소리는 들리지 않았습니다. 맨쉐는 이제 부드러운 동작과 고요의 세계 속에 있음을 깨달았습니다.

문을 열려고 애썼지만 아직도 문은 잠겨진 채였습니다. 그래서 한 번 빙 돌자 그녀의 꼬리의 흔들림이 그녀를 창문을 향해 솟아오르게 했습니다. 팔을 창문으로 뻗어 몸이 따라나오게 하려고 했지만 그 창문은 너무 좁았습니다. 그래서 꼬리를 세차게 흔들자 찢어지는 듯한 아픔과 함께 초록빛 속으로 들어가 하늘로 높이 솟아올라 돌며 그 폐허의 지붕 위를 맴돌다 잔이 서 있던 바로 그곳인 부서진 탑 바닥으로 부드럽게 내려왔습니다.

그녀가 잃어버린 애인을 찾으며 그곳을 슬프게 떠돌고 있을 때 한 노인이 춤추는 듯한 느린 걸음으로 시장을 건너왔습니다. 맨쉐는 꼬리를 흔들며 재빠르게 그에게로 헤엄쳐 그의 머리 위를 넘어 주위를 여러 번 맴돌다 그의 옆에 조심스럽게 내려앉았습니다. 그는 매우 늙은 외눈박이로 구식의 옷을 입고 있었습니다. 그의 대머리 꼭대기에는 해골과 ×자형으로 된 두 대퇴골이 새겨져 있어 해적이었음을 알 수 있었습니다.

한동안 두려운 생각이 들었지만 꼬리를 한 번 흔들기만 하면 그의 손 밖으로 빠져 나갈 수 있다는 생각에 안심할 수 있었습니다. 그 노인은 맨쉐를 보고도 조금도 놀라지 않았습니다. 그의 외눈은 동정으로 가득 찬 슬픈 눈빛으로 그녀를 바라보았습니다.

이 소리 없는 세계에서 어떻게 그와 말할 수 있을까 걱정했으나 노인은 맨쉐의 머리를 그의 손으로 잡고 그의 찬 입술을 그녀의 귀에 대고 속삭였습니다.

"잔 비울은 막 떠났네."

그러고 나서 그 노인은 마을 뒤의 초록빛 어스름을 가리키며 안녕이라고 말하는 듯 입술을 움직였습니다. 맨쉐는 망설였습니다. 그 어스름은 두려운 것들로 가득 찬 것 같아서지요. 천천히 푸른 원을 그리며 솟아올라 흐느적거리는 죽은 해초를 흔들며 보이지 않는 물고기가 지나가는 그림자와 함께 떠오르기도 했습니다. 그러나 잔과 그의 절망을 생각하곤 꼬리를 흔들며 저 보이지 않는 세계의 무서움 속으로 뛰어들었습니다. 긴 머리카락을 뒤에서 흔들거리며 그녀에게 남겨진 마지막 희망을 찾아 나섰습니다. 언젠가 잔을 찾을 수 있을 거라는 희망을 품고 꿋꿋하게 앞으로 나아간 것입니다.

이 마을에서 저 마을로 헤엄쳐 다녔습니다. 바다의 밑바닥에 물에 빠진 선원들이 최후의 심판을 기다리는 가라앉은 마을과 도시들이 이곳저곳에 있으리라곤 상상도 못했었습니다. 수많은 도시를 지나면서 도시마다 다른 사람들이 살고 있다는 것을 깨달았습니다. 네덜라드인, 노르웨이인, 그리스인, 터키인 등. 여자들만 사는 마을도 있었습니다. 마을과 마을을 지나는 길마다 가라앉은 배의 파편과 배의 삭구(배에서 쓰이는 로프나 쇠사슬 따위를 통틀어 이르는 말)에 자라고 있는 잡초와 총구 주위에서 놀고 있는 작은 물고기들을 볼 수 있었습니다. 가라앉은 마을의 폐허에 사는 사람들은 그 가라앉은 배의 선원들과 승객들이었습니다.

그러나 그녀가 닿는 곳마다 들을 수 있었던 소식은 "잔 비울은 막 떠났다."는 것이었으며 그녀에게 그 소식을 전해 준 사람들은 남자건 여자건 어린이건 모두 언제나 그 앞에 놓인 초록빛 어스름을 가리켰습니다.

맨쉐는 북해에서 비스케 만을 지나 아프리카 해안을

따라 헤엄쳐 마침내 잉크처럼 검은 숲 가에 있는 조그마한 마을에 다다랐습니다. 그 마을에는 포르투갈 사람들이 살고 있었습니다. 그들은 귀걸이를 하고 파란 반바지를 입고, 물에 빠진 사람들의 춤추는 듯한 걸음으로 걸을 때 그들 뒤로 뻗쳐지는 술이 달린 빨간 모자를 머리에 쓰고 있었습니다. 이 어부들 중 한 사람이 그의 손으로 맨쉐의 머리를 잡고 다시 "잔 비울은 방금 떠났네."라고 말한 후 천천히 손을 들어 숲을 가리켰습니다.

그녀 앞에 놓여 있는 어둠이 너무나 무서워 꼬리를 치고 그 속으로 뛰어들 용기가 나지 않아 망설였습니다. 다시 한 번 주위를 둘러보자 그 어부가 혼자 거기에 서 있는 것이 보였습니다. 그녀의 시선이 자신에게 돌아온 것을 보고 어부는 그의 빨간 모자를 집어 들고 천천히 마지막 인사를 하듯 흔들었습니다.

숲으로의 여행은 몇 주일 동안 계속되었습니다. 그 숲은 스멀거리는 두려운 것들과 뒷덜미를 치는 듯한 무서운 것들로 가득 차 있었습니다. 맨쉐는 언제나 키 큰 죽은 나뭇가지에서 그녀에게 달려드는 이상한 그림자들에게서 재빨리 도망치느라 기운이 몽땅 빠졌습니다.

나무에는 별별 괴물들이 다 있었습니다. 상어, 오징어, 무시무시한 게 등. 그런 괴물들은 모두 그녀에게 달려들었습니다. 번개처럼 빠른 상어는 몰래 달려들면서 등을 돌려 허연 배로 맨쉐 옆을 휙 지나갔기 때문에 가까스로 그 무시무시한 독이빨에서 벗어날 수 있었습니다. 먹물을 내뿜는 오징어는 천천히 나무 아래로 미끄러져 내려와 끈끈한 더듬이로 먹물의 소용돌이 속에서 그녀를 잡으려 했으며, 기중기 같은 팔을 흔드는 게들은 쩍 벌어진 집게발가락으로 맨쉐의 빛나고 하늘거리는 꼬리를 바로 뒤에서 낚아채려고 했습니다.

지칠 대로 지친 몸으로 숲의 반대편에 다다른 그녀는 마침내 단단한 초록 구름으로 덮인 사막으로 빠져 나왔습니다. 처음에는 거기가 어딘지 몰랐지만 배의 용골판이 구름 밖으로 삐죽 나온 것과 빙글빙글 도는 바닷물을 천천히 젓고 있는 닻이 걸려 있는 것을 보고 자신이 사르가소 바다라 불리는 해초바다의 중심을 향해 헤엄치고 있음을 알았습니다.

전에 이 바다에 대해 들은 적이 있었습니다. 가라앉지 않은 채 바다에 떠도는 모든 난파선들은 천천히 이곳으로 끌려가 아무도 본 적이 없는 사르가소 바다 주위를 천천히 맴돌다가 마침내 해초더미에 엉켜서, 해초로 뒤덮인 부서진 돛대에 굴 같은 것들이 무시무시하게 달라붙은 망가진 배의 무리 속에 끼이게 된다고 뱃사람들이 말하곤 했습니다.

아직 학교에 다니던 어린 시절 늙은 어부가 사르가소 바다가 어떻게 해서 생겼는지 이야기해 준 기억이 났습니다. 육지가 죄인으로 가득 차 있다는 것을 안 예수님은 너무 넌더리가 나서 제자들과 함께 앨드바란이란 배를 타고 떠났다고 그 노인은 말했습니다. 그 배를 타고 수백 년 동안 일곱 바다를 지나갔는데 그동안 어떤 배가 폭풍우나 심한 파도를 만나 물에 빠지게 될 때마다 결정적인 순간에 수평선 위에 푸른빛이 나타나고 십자가가 폭풍을 몰아치는 어둠 속에서 빛났더랍니다. 그러면 앨드바란 호가 그들을 구하러 갔답니다.

그러나 예수님은 어떤 기회에 뱃사람들도 육지 사람들처럼 넌더리나는 죄인이라는 것을 알게 되었다고 노인은 말했습니다. 희망을 잃고 지칠 대로 지친 예수님은 제자들에게 대서양에서 가장 외딴 곳에 닻을 내리고 최후의 심판을 기다리라고 명령했답니다. 거기에 있는 다른 배처럼 앨드바란 호에도 해초와 굴 등이 달라붙기 시작했답니다. 자라고 또 자란 해초들은 배를 완전히 뒤덮고 주위의 바다를 몇 리나 뒤덮었다는 것이었습니다.

어느 어슴푸레한 신새벽에 해초 구름 속으로 똑바로 뻗쳐 나온 녹슨 쇠사슬에 다다른 맨쉐는 한동안 망설였습니다. 그러나 잔의 절망적인 얼굴이 떠오르자 천천히 그 쇠사슬을 따라 올라가 구름 속으로 들어갔습니다.

소용돌이치는 푸른 해초더미를 지나 솟아오르는 데 꽤 오랜 시간이 걸린 것 같았습니다. 그리고 머리 위에서 겨울 아침의 엷은 안개 속에 감춰진 햇빛처럼 부드럽게 타오르는 하얀빛을 보았습니다. 좀더 가까이 다가가니

굴과 섭조개들이 다닥다닥 달라붙어 있는 태초의 동굴의 천장처럼 보이는 커다란 뱃바닥이 보였습니다. 바위 틈 사이로 빛이 흘러 나오고 있었기 때문에 맨쉐는 그곳으로 헤엄쳐 갔습니다.

한참 동안 헤맨 끝에 섭조개와 굴 사이에서 문고리 같은 커다란 녹슨 쇠고리를 찾아내 온 힘을 다해 문이 두드려질 때까지 앞뒤로 흔들었습니다. 무거운 빗장 소리와 거대한 돌쩌귀의 삐걱거리는 소리가 나더니 갈라진 틈이 더 넓어져서 황금빛 광선이 마치 햇빛이 나무에 비치듯 해초의 짙푸른 어둠 속으로 비쳐 들어왔습니다.

그 빛 속에서 수염이 하얀 매우 늙은 노인의 얼굴이 나타나는 것이 보였습니다. 그 노인은 순박한 파란 눈으로 그녀를 재미있다는 듯 쳐다보고 있었습니다.

맨쉐는 그가 분명히 예수님의 제자들 가운데 한 명인 베드로임을 곧바로 알아차렸습니다. 말을 하려 하자 갑자기 자신의 목소리가 되돌아왔음을 깨달았습니다. 희미하고 멀리서 나는 듯했지만 분명히 자기 목소리였습니다.

"잔 비울이란 선원이 어디 있는지 가르쳐 주시겠어요?"라고 맨쉐가 물었습니다.

"넌 누구냐?"라고 그 노인이 부드럽게 되물었습니다.

"그의 약혼녀예요."라고 그녀가 대답했습니다.

늙은 베드로는 그녀를 주의 깊게 바라보았습니다. 그

리고 마치 바로 그 순간에 그녀가 인어라는 것을 깨달은 듯 그의 표정은 변했습니다.

"네가 이삼 일 늦었구나. 잔은 다시 살아 그저께 쇼클랜드 섬으로 되돌아갔단다."

맨쉐는 엄청난 슬픔을 느꼈지만 동시에 커다란 기쁨이 그녀를 휘감았습니다.

"살았어요!"

뜨거운 눈물이 볼을 타고 흘러내리는 것을 깨달았습니다. 오래 전 돌 선실에서 깨어난 후 처음 느끼는 따뜻함이었지요.

"살았단다."라고 베드로는 문을 닫으면서 말했습니다.

"그 청년은 운이 좋았지. 바닷가에 있는 어떤 바보가 그 청년을 위해 영혼을 버렸단다."

맨쉐는 더 이상 할말을 잊었습니다. 닫혀지는 틈 속으로 햇빛이 줄어드는 것이 눈물 어린 눈에 보였습니다. 그리고 다시 주위에는 어둠만이 남았고, 맨쉐는 가라앉아 천천히 녹슨 쇠사슬을 따라 사막으로 되돌아왔는데 그곳에는 거대한 닻의 녹슨 날이 최후의 심판날에 모래에서 들려지기를 기다리고 있었습니다.

맨쉐는 그 닻에 앉아 한없이 울었습니다. 맨쉐는 한없이 외로웠습니다. 사랑하는 사람을 만난다는 희망도 없이 영원히 물에 빠진 사람들 사이를 헤매야 한다는 생각이 그녀를 슬프게 했으며, 이제는 더 살아야 할 희망이 하나도 없는 듯이 여겨졌습니다. 그러나 그 순간 잔이 쇼클랜드 섬에 도착해서 그녀가 없어진 것을 알았을 때 느낄 그의 절망을 떠올렸습니다. 그 생각이 나자 그녀는 꼬리를 털고, 깜깜한 무서운 숲과 가라앉은 정글의 악몽 같은 수십릿길을 지나고, 큰 바다와 작은 바다를 헤쳐 마침내 수평선 너머에 살짝 드러난 희미한 에멀루어드의 지붕이 보이는 곳에 이르렀습니다.

둑 위에는 한 외로운 청년이 슬프게 바다를 바라보며 서 있었습니다. 맨쉐는 파도 위로 솟아올라 손을 흔들었지만 그는 그녀를 보지 못했습니다. 그의 이름을 불렀지만 듣지 못했습니다. 호소하고 외치고 은물결을 일으키면서 물 밖으로 뛰어오르기도 하고 꼬리로 파도를 후려치기도 했으나 여전히 그는 아무것도 보지도 듣지도 못했습니다.

그는 한숨쉬며 주위를 천천히 돌아 작은 집으로 돌아가기 위해 둑 뒤로 사라졌습니다. 그는 그 작은 집 속에 누워 해초로 뒤덮인 부서진 붉은 탑 바닥에 서서 초록빛 유리판을 통해 그에게 미소 지으면서 아마도 언젠가 그가 알아들을 수 있게 될 세 마디의 말을 입술로 만들고 있는 한 소녀를 꿈꾸리라는 것을 맨쉐는 알 수 있었습니다.

그 뒤 잔 비울은 쇼클랜드의 등대지기가 되어 죽을 때까지 명상에 잠겨 살았습니다. 그러나 영원히 죽지 않는 그 인어는 결국 모든 사람이 서로 형제라는 것을 깨달았습니다. 그녀의 사랑은 샘처럼 솟아났습니다. 한 선원을 향해 싹터 오른 사랑이 선원들 모두에게 단비로 쏟아진 것이지요. 그녀는 지금까지도 쇼클랜드 섬 주위에 남아 있는데, 폭풍이 일려고 할 때면 언제나 어부들은 철썩거리는 파도 소리 너머에서 노래하는 부드러운 소녀의 목소리를 들을 수 있었습니다. 그 소리를 들으면 뱃사람들은 돛을 감아올리고 그들의 선실을 잠근 후 집으로 돌아가, 새벽이 되기 전 폭풍이 지나갈 그때를 기다리며 그들의 아내들과 지새운답니다.

＊ 잔 드 하토크가 쓴 "잃어버린 바다"에서 옮김.

물개 왕국

바다의 요정들은 회색 살갗을 가지고 있어 물개와 닮았습니다. 요정들은 '바다 밑 땅'의 경계에 있는 동굴집에서 살았는데 그곳이 그들의 왕국이었습니다. 바다 요정들도 푸른 들의 요정처럼 음악과 춤을 좋아했습니다. 해변에서 하프 켜는 사람과 피리 부는 사람이 연주를 할 때면 그들의 축 처진 검은 눈을 기쁨으로 반짝이며 물 위로 올라와 그 음악 소리를 들었습니다. 사람들이 모두 잠든 달 밝은 밤에는 바위 위에서 인어들이 부르는 노래를 들으며 이렇게 외칩니다.

"그 옛날의 슬픈 바다 노래를 다시 들려줘요. 한 번 더 들려줘요!"

온밤 내내 바다 요정들은 인어들이 노래를 멈추면 이렇게 외치고 또 인어들은 그들을 위해 되풀이하여 노래한답니다. 바람이 제멋대로 크게 피리를 불고, 바다가 뛰놀며 소용돌이를 일으키고 춤추며 겨울같이 즐거운 쌩 쌩 소리를 내며 크게 외치면 바다 요정들은 머리 위로 물거품의 하얀 꽃잎을 던지며 목에 두 줄의 물보라 진주를 걸고서 춤추는 파도와 더불어 춤을 추었습니다. 그들은 바닷말의 숲속이나 큰 바다의 깊고 푸른 골짜기와 멀리 별빛으로 장식된 달콤한 샘물이 흐르는 컴컴한 좁은 골짜기까지 거슬러 올라가서 은빛 연어를 잡기 좋아했습니다.

바다 요정들은 그들 나름의 말을 가지고 있을 뿐만 아니라 사람의 말도 아주 잘했습니다. 해변에 오를 때에는 남자나 여자의 모습으로 꾸미고, 큰 물결을 회색 갈기와 긴 회색 꼬리를 가진 말로 변하게 해서 이 말을 타고 산과 들판을 건너갑니다.

옛날에 바다 요정의 여왕이 사는 왕궁에 가봤던 한 어부가 있었는데 돌아와서 그가 들은 것에 대해 말한 적이 있습니다. 그 어부는 존 오 그로츠 하우스 근처의 조그만 마을에서 살며 물고기와 물개를 잡곤 했습니다. 그 가죽으로 따뜻한 겨울 옷을 만들 수 있는 물개를 사냥하면 많은 돈을 벌 수 있다는 것을 알고 난 그 어부는, 이제는 연어나 대구 따위는 잡으려고 하지 않고 계속 물개 사냥만 했습니다. 그는 먹이를 찾기 위해 바위 사이로 기어다니기도 하고 펜트랜드 퍼치를 건너 물개가 나타나는 외로운 섬도 찾아가곤 했습니다. 그런 섬에서 그 어부는 가끔 매끄럽고 평평한 바위 위에 누워 따뜻한 햇볕을 쬐며 잠들어 있는 이상한 바다의 떠돌이들을 보았습니다.

그의 집에는 말린 물개 가죽 꾸러미가 많이 있어 멀리서 많은 사람들이 그것을 사러 왔습니다. 물개 사냥꾼으로서의 그의 명성은 아주 널리 알려졌습니다.

어느 날 저녁, 회색 갈기와 회색 꼬리를 가진 까만 힘센 암말을 탄 낯선 이가 그의 집에 찾아왔습니다. 그는 어부를 불러내어 이렇게 말했습니다.

"서둘러 나와 함께 동쪽으로 가십시다. 주인께서 당신과 거래하시길 바랍니다."

"말이 없는데요. 그렇지만 걸어서 내일 아침까진 댁의 주인께 갈 수 있겠지요."라고 어부가 대답했습니다.

"지금 갑시다. 나와 함께 타요. 내 말은 발이 빠르고 튼튼하답니다."라고 낯선 이는 말했습니다.

"그렇다면……" 하면서 어부는 즉시 그 키 큰 낯선 사람 뒤에 올라탔습니다.

암말은 뒤돌아 곧바로 삼월의 바람보다 더 빠르게 동쪽으로 달려갔습니다. 조약돌들이 바위에 흩뿌려진 물보라처럼 말 앞으로 솟아올랐고 모래 구름이 모였다간 폭풍우 앞에 스러지는 산안개처럼 뒤로 휩쓸려 갔습니다. 말에 올라탔을 때엔 바람이 등뒤에서 불어왔지만 달리는 동안에는 얼굴로 사납게 몰아쳤기 때문에 어부는 숨이 막힐 것 같았습니다. 그 말은 낭떠러지 근처에 이를 때까지 빠르게 달렸습니다. 그러다 낭떠러지 가에서 갑자기 멈춰 섰습니다. 어부는 그가 말을 탄 뒤 방향이 바뀌었다고 생각했지만 바람은 여전히 바다 쪽으로 불고 있었습니다. 그렇게 빨리 달리는 말을 탄 것은 생전 처음이었습니다.

"이제 내 주인의 집에 거의 다 왔습니다."라고 낯선이가 말했습니다.

어부는 놀라서 주위를 돌아보았지만 거기에는 집은커녕 저녁하는 연기도 보이지 않았습니다.

"당신 주인이 어디 있소?"

어부가 물었습니다.

"금방 만나게 될 거예요. 자 같이 갑시다."라고 낯선이가 대답했습니다.

그렇게 말하고 나서 절벽 가로 걸어가 내려다보았습니다. 어부도 같이 바라보았지만 천천히 굽이치는 파도를 들어올리는 외로운 회색 바다와 빙글빙글 돌며 바람을 타고 미끄러져 내리는 바다새들만이 보일 뿐이었습니다.

"당신 주인은 도대체 어디 있소?"라고 다시 한 번 어부가 물었습니다.

이 말을 듣자 낯선 이는 갑자기 물개 사냥꾼을 두 팔로 꽉 잡고 "함께 갑시다."라고 외치며 절벽 아래로 뛰어내렸습니다. 암말도 그 주인과 함께 뛰어내렸습니다. 아래로 아래로 떨어지자 놀란 새들이 흩어졌습니다. 새들은 비명을 지르고 파닥거리며 그들 주변과 위에 있는 구름 위로 솟아올랐고, 사람과 말은 아래로 계속 떨어져 바닷속으로 풍덩 빠져 자꾸자꾸 가라앉았습니다. 그들 주위의 빛은 사라지고 밤보다 더 깊은 어둠만이 있었습니다. 어부는 아무것도 안 보이고 아무것도 듣지 못한 채 여전히 빠르게 움직이면서 깊은 바다를 지나는 동안 아직도 자신이 살아 있다는 것을 알고는 놀랐습니다.

마침내 그는 가라앉기를 멈추고 앞으로 나아갔습니다. 아무런 고통도 불편도 느끼지 못하고 아무것도 두렵지 않았습니다. 단 하나의 느낌이라고는 놀람뿐이었습니다. 두껍고 차디찬 어둠 속에서 다음에 무슨 일이 일어날까 굉장히 궁금했습니다. 드디어 희미한 초록빛이 보였습니다. 앞으로 나아가자 빛은 점점 더 밝아져서 바다 왕국의 골짜기와 산과 숲이 그의 눈앞에 우뚝 솟아 있는 것이 보였습니다. 그리고 그는 그가 낯선 사람 옆에서 헤엄치고 있다는 사실과 그들 모두가 물개로 변한 것을 알아차렸습니다.

낯선 이가 말했습니다.

"저 너머에 내 주인의 집이 있소."

바라다보니 커다란 바다숲 가에 물거품의 흰빛을 한 집들이 옹기종기 모여 있는 마을이 보였습니다. 그 마을 앞에는 풀처럼 푸르지만 더 아름답고 아주 밝은 바다이끼로 덮인 둑이 있었습니다. 마을에는 많은 물개들이 살고 있었습니다. 주위에서 이리저리 움직이는 물개들이 보이고 목소리도 들리긴 했지만 무슨 이야기인지는 알 수 없었습니다. 엄마 물개들은 아기 물개를 돌보고 있었으며 어린 물개들은 초록빛 바다이끼로 된 둑에서 놀았습니다. 갈색과 황금빛 바다숲에서는 음악 소리와 춤추는 물개들의 외침 소리가 들렸습니다.

"여기가 내 주인의 집입니다. 들어가십시다."

낯선 이가 말했습니다.

그는 어부를 밝은 창문이 많은 커다란 물거품 빛깔의 흰 궁전의 문으로 안내했습니다. 빨간 물풀로 지붕을 이었고, 문은 초록빛 돌로 되어 있었습니다. 그 문은 강 하구를 가로질러 움직이는 여름 파도처럼 부드럽게 열렸습니다. 어부는 안내자와 함께 문 안으로 들어섰습니다.

희미한 불빛의 방에 한 늙은 회색 물개가 침대 위에 누워 있는 것이 눈에 띄었습니다. 그는 그 물개가 신음하는 소리를 고통스럽게 들었습니다. 침대 옆에는 피 묻은 칼이 놓여 있었는데 어부는 그 칼이 자기 것임을 단번에 알아챘습니다. 그리고 몇 시간 전에 한 물개를 찔렀는데 그 물개가 칼을 등에 꽂은 채 바닷속으로 도망쳐 들어간 사실을 기억해 냈습니다.

어부는 침대에 누워 있는 늙은 물개가 그가 죽이려 했던 바로 그 물개라는 것을 알고 깜짝 놀라서 그의 가슴은 두려움으로 가득 찼습니다.

죽을까 봐 겁이 난 어부는 엎드려 용서와 자비를 빌었습니다.

안내자가 칼을 집어 들고 물었습니다.

"전에 이 칼을 본 적이 있나요?"

그는 사람의 말로 말했습니다.

"그건 내 칼이에요, 세상에!"라고 어부는 외쳤습니다.

안내자가 말했습니다.

"저 다친 물개는 제 아버지입니다. 우리 물개 의사들은 그를 고칠 수 없습니다. 그들은 당신 도움 없인 아무것도 못합니다. 그래서 내가 당신 집을 찾아가서 함께 오자고 한 것입니다. 당신을 속인 것을 용서해 주세요. 그러나 너무나 아버지를 사랑하는 나머지 그런 거짓말을 하였습니다."

"내게 용서를 빌지 마세요. 용서를 빌 사람은 오히려 접니다. 당신 아버지를 찔러 미안하고 죄스럽습니다."

"당신 손을 상처 위에다 얹고 낫기를 기도해 주십시오."라고 안내인은 말했습니다.

어부가 상처에 손을 얹자 물개의 아픔이 그의 손으로 전해졌는데 그리 오래 계속되지는 않았습니다. 마술을 부린 것처럼 상처는 곧 나았습니다. 늙은 회색 물개는 다시 원기를 찾아 튼튼해졌습니다.

"오늘 참 우리를 위해 애썼어요. 아저씨!"라고 안내

인이 말했습니다.

어부가 처음에 집 안으로 들어갔을 때 안에 있던 모든 물개들은 슬픔의 눈물을 흘렸지만 그가 상처에 손을 얹자마자 울기를 그쳤고, 그 늙은 물개가 일어나자 모두 기뻐하며 명랑해졌습니다.

어부는 다음에 무슨 일이 일어날까 궁금했습니다. 잠시 동안 물개들은 그가 있다는 사실을 잊은 듯했습니다. 그러나 마침내 그의 안내인이 그에게 말했습니다.

"아저씨! 이제 당신은 아내와 아이들이 기다리는 집으로 돌아가셔도 됩니다. 내가 당신을 깊은 바다를 지나 안내해 드리겠으니 내 말을 타고 우리가 이리로 올 때 지나온 들판을 건너가십시다."

"고맙습니다."라고 어부가 외쳤습니다.

"떠나기 전에 해야 할 일이 한 가지 있습니다. 다시는 물개 사냥을 않겠다고 약속하십시오."라고 안내인이 말했습니다.

"물론이지요. 결코 다시는 물개 사냥을 않고말고요."라고 어부는 맹세했습니다.

"만약 약속을 어기면 당신은 죽게 될 겁니다. 약속을 지키시기를 바랍니다. 그리고 약속을 지키는 한 번성할 것입니다. 그러면 당신이 낚싯줄을 드리우거나 그물을 던질 때마다 많은 고기를 잡을 수 있을 겁니다. 우리 물개 하인들이 당신을 도울 겁니다. 만약 당신이 그들의 봉사에 보답하려면 당신 배에 하프나 피리를 싣고 가 달콤한 음악을 연주하십시오. 음악은 모든 물개의 기쁨이니까요."라고 안내자가 말했습니다.

어부가 결코 약속을 어기지 않겠노라고 약속하자 안내자가 그를 뭍으로 안내해 주었습니다. 바닷가에 닿자마자 어부는 물개에서 다시 사람으로 변했습니다. 역시 사람으로 모습을 바꾼 안내인이 커다란 파도에 숨을 불어넣자 그 파도는 즉시 회색 갈기와 회색 꼬리를 가진 검은 암말이 되었습니다. 안내자는 그 말 위에 올라타더니 어부에게도 뒤에 타라고 말했습니다. 그 말은 바람에 튀어오른 물보라처럼 가볍게 솟아올라 놀라는 바다새 무리를 지나 절벽 꼭대기에 다다랐습니다. 말은 달려가면서 앞에서는 조약돌을 튀어오르게 했고 뒤에는 모래 구름을 뽀얗게 일으키면서 계속 달렸습니다. 밤이 내리고 별들이 나타나기 시작했지만 어부가 집에 다다랐을 때에는 그렇게 어둡지 않았습니다.

어부가 말에서 내리자 그의 안내자는 말했습니다.

"이것을 가지세요, 그리고 행복하게 사시길!"

그는 어부에게 조그만 가방을 건네 주며 큰소리로 외쳤습니다.

"안녕히 계세요! 맹세를 잊지 말고."

그는 말을 돌려 재빨리 눈앞에서 사라졌습니다.

어부가 집으로 들어가니 아내가 아직 기다리고 있었습

니다.

"돌아오셨군요."

"뭘 받으셨어요?"라고 아내가 물었습니다.

"아직 모르겠는데."라고 어부가 대답했습니다. 그리고 방에 들어가 가방을 여니 놀랍게도 그 가방에는 진주가 가득 들어 있었습니다. 얼마나 기뻤겠어요.

그의 아내는 너무나 놀라서 이렇게 말했습니다.

"누구한테 이런 보물을 받았어요?"

그러자 어부는 여태까지 일어난 모든 일을 이야기했고 그의 아내는 감탄하면서 들었습니다.

"다시는 물개를 잡지 않을 거요."라고 그는 외쳤습니다.

그리고 그는 그 약속을 지켜 죽을 때까지 부유하고 행복하게 살았답니다.

＊도날드 에이 맥켄지가 엮은 "스코틀랜드 신화와 전설 속의 신기한 이야기"에서 옮김.

괴물의 뱃속

이 이야기는 루시앵이란 사람이 실제 겪은 일을 들려준 것입니다. 그가 50명의 동료들과 함께 '헤르쿨레스의 기둥' (제우스 신의 아들 헤르쿨레스가 일으켜 놓았다고 전해지는 지브롤터 해협에 솟아 있는 두 바위섬)에서 대서양으로 모험의 돛을 올린 데서부터 이야기는 시작됩니다. 떠나자마자 그 배는 소용돌이를 만나 거의 600킬로미터까지 치솟아올라 달 왕국에까지 휩쓸려 갔고, 수많은 모험 끝에 배는 마침내 또다시 바다로 내려오기 시작했답니다.

넷째날 한낮이 될 무렵, 바람이 점점 잦아들면서 우리는 부드럽게 바다에 내려앉았습니다. 우리가 다시 물 위에 떠 있다는 사실을 알아차렸을 때 우리의 기쁨이란 이루 말로 다 할 수 없는 것이었습니다. 우리는 우리의 행운에 너무 기뻐 배 밖으로 다이빙을 하기도 하고 헤엄을 치기도 했습니다. 바다는 잔잔하고 날씨는 더없이 좋았습니다. 그러나 갑작스런 행운이, 이제 또다시 새로운 어려움이 시작될 것이라는 사실을 알려 주는 연락병에 지나지 않는 경우가 얼마나 많은지! 이틀 동안 평온하게 달리고 셋째날 동틀 무렵 우리는 고래 떼와 바다괴물 떼를 보았습니다. 그 가운데에는 적어도 길이가 3백 킬로미터는 넘어 보이며 다른 것들보다 훨씬 큰 괴물이 있었습니다. 그 괴물은 입을 쩍 벌리고 바닷물을 휘저어 사방 몇 십 리에 물거품을 일으키며 나무 둥치만한 굉장히 큰 송곳니를 드러내고 우리를 향해 헤엄쳐 왔습니다.

우리는 서로를 부둥켜안고 우리에게 닥칠 운명을 기다렸습니다. 그 괴물은 즉시 우리에게 다가와 배 전체를 삼켜 버렸습니다. 다행히 배는 부서지지 않고 그 괴물 이빨 사이로 미끄러져 들어갔습니다.

처음에는 온통 캄캄해서 아무것도 볼 수 없었으나, 그 괴물이 입을 열자 만 명이 살 만한 도시가 자리잡을 만큼 굉장히 커다란 동굴이 보였습니다. 우리 주위에는 온통 작은 물고기와 각종 동물의 부서진 잔해, 배의 돛대·닻, 사람의 뼈 및 각종 부스러기 들이 있었습니다. 그 고래 한가운데 고래가 삼킨 굉장한 양의 진흙으로 만들어진 조그만 언덕들이 있었습니다. 거기에는 온갖 나무와 채소들이 자라고 있었습니다. 그 채소들은 누군가가 기르는 것 같았고 여러 종류의 새들이 그 나무 위에 둥지를 틀고 살았습니다.

우리는 한동안 울었습니다. 그러나 마침내 나는 선원

들을 일으켜 배를 단단히 고정시키고 불을 지피라고 시켰습니다. 그러고는 저녁 식사를 준비했습니다. 사방에 고기가 잔뜩 있었거든요. 다음날 우리는 고래가 입을 열 때마다 잘 살펴보았는데 육지나 산이 보이거나 하늘만이 보이기도 했고 섬도 자주 보였습니다. 그래서 우리는 이 고래가 굉장한 속도로 큰 바다를 헤엄치고 있다는 것을 알았습니다. 마침내 우리는 망보는 일에 싫증이 나서, 나는 동료 일곱 명을 데리고 숲에 무엇이 있나 보려고 떠났습니다. 거의 일 킬로미터도 못 가 포세이돈(그리스 신화에 나오는 바다의 신)에게 바친다는 구절이 새겨진 성당을 발견했습니다. 근처에서 우리는 맑은 샘물 가에 기둥이 늘어선 무덤들이 세워져 있는 것을 보았습니다. 개 짖는 소리도 들렸고 멀리서 연기가 피어오르는 것도 보여 근처에 집이 있을 거란 생각이 들었습니다.

서둘러 앞으로 가다가, 부지런히 꽃밭을 만들며 샘으로부터 물길을 내고 있는 한 노인과 젊은이를 만났습니다. 우리는 기쁨과 두려움이 뒤섞인 마음을 안고 그곳에 서 있었습니다. 그들도 분명 우리와 같은 감정이었을 테죠. 오랫동안 아무도 말하지 않았습니다. 마침내 그 노인이 입을 열었습니다.

"낯선 양반들, 당신네들은 도대체 누구요? 바다의 정령이요, 아니면 우리처럼 불운한 사람들이오? 우리로 말하자면 육지에서 태어나 자란 사람들인데 이 괴물의 뱃속에 잡힌 몸이 되어 살았는지 죽었는지조차도 모르고 지낸다오.”

내가 대답했습니다.

“노인 어른, 우리 역시 사람입니다. 우리는 이 고래가 우리 배를 통째로 삼켜서 바로 어제 이곳에 왔습니다. 우리는 저 숲을 살피러 왔다가 하느님의 도우심으로 노인 어른을 만나 우리말고도 이 괴물 속에 감금된 사람들이 또 있다는 것을 알 수 있게 된 것 같습니다. 노인 어른은 누구시며 어떻게 여기 왔는지 이야기해 주십시오.”

노인은 우선 뭘 좀 먹어야 할 거라고 대답하고는 우리를 그의 집으로 데리고 들어가 푸성귀와 열매, 물고기와 술이 곁들인 식사를 차려 주었습니다. 집은 좁았지만 필요한 것은 모두 알맞게 갖춰져 있었습니다. 식사가 끝나자 노인은 우리 모험담을 듣고자 했습니다. 나는 우리가 괴물에게 삼켜질 때까지 일어난 모든 일을 이야기했습니다. 노인은 매우 놀랐습니다. 그는 우리 이야기를 다 들은 후 자신의 이야기를 해주었습니다.

“나는 사이프러스가 고향인 장사꾼이오. 내 아들과 친구 몇 명과 함께 장삿길을 떠나 이탈리아로 향하고 있었소. 나는 값비싼 짐들이 가득 든 좋은 배를 가지고 있었다오. 당신들은 이 고래 입 속에서 부서진 그 배를 보았을지도 모르겠구려. 시실리까지는 날씨가 좋았는데 거기서 무시무시한 폭풍을 만나 삼 일 동안 시달린 끝에 대서양으로 밀려왔다가, 재수 없게도 이 고래를 만나 삼켜지고 말았다오. 우리 둘만 살아 남았소. 나머지 사람들은 우리가 포세이돈에게 바치는 성당을 지어 이곳에 묻었다오.

그때부터 우리는 정원을 가꾸고 물고기와 과일, 열매로 연명하며 이렇게 살고 있다오. 보시다시피 필요한 나무는 모두 갖고 있고 아주 맛좋은 포도주를 빚을 수 있는 포도나무도 있다오. 저 샘은 우리에게 차고도 맑은 물을 주지요. 그리고 우리는 나뭇잎으로 침상을 만들고, 불을 지피고 싶으면 충분한 장작으로 마음대로 때고, 산새를 사냥하고, 이 고래 아가미 근처로 가서 물고기를 잡는다오. 목욕하고 싶은 땐 둘레가 4, 5킬로미터나 되고 각종 물고기들이 노는 짠물 호수에서 한다오. 거기서 수영도 할 수 있고 내가 만든 조그만 배를 띄울 수도 있다오. 우리는 여기서 스물일곱 해를 살았소. 우리에게 적의를 품고 있는 이웃, 저 심술궂은 말썽쟁이 녀석들만 없다면 그런대로 이런 삶도 참을 만하련만."

"그러면 정말 당신들말고도 여기에 사는 사람들이 또 있단 말이에요?"라고 내가 물었습니다.

"굉장히 많이 있지요. 그러나 그들은 낯선 사람들에겐 사납고, 생긴 것은 무시무시하지요."라고 노인이 대답했습니다.

"저 숲 서편은 타리차니아 사람들이 차지하고 있다오.

그들은 뱀장어 눈에 바닷가재 얼굴을 하고 있는데 싸움을 좋아하고 날생선을 먹으며 살지요. 동굴 오른쪽은 허리 위는 사람인데 밑은 족제비 모양인 트리토노멘데츠족에 속해 있지요. 그들은 다른 것처럼 그렇게 밉살스럽진 않아요. 왼쪽은 서로 우호 관계를 맺고 있는 카르시노치리안과 티노세팔리안의 땅이지요. 그 사이에 있는 땅에는 야만스럽고 발이 매우 빠른 파구로디안과 시토포디안족이 살고 있어요. 이 고래 입 근처에 있는 동쪽 지역은 바닷물이 계속 흘러들어오기 때문에 대부분 사막으로 되어 있다오. 나는 그 땅을 일 년에 굴 오백 개를 주기로 하고 시토포디안족에게 빌려서 경작하고 있다오.

지금까지 말한 건 땅이 어떻게 나눠졌나 하는 것이고, 이제 이들에 대항해서 싸울 것인가, 아니면 그들 사이에서 안전하게 살 방법을 찾든가 하는 것은 당신들이 결정할 일이지요."

"그들은 모두 얼마나 됩니까?" 하고 물었습니다.

"천 명은 넘을 거요."

"무엇으로 무장했는데요?"

"생선 뼈로."

"그러면 우리는 무장을 했고 그쪽은 하지 않았으니 우리의 최선의 길은 싸우는 것입니다. 만약 우리가 이기면 안전하게 되겠지요."라고 내가 말했습니다.

모두 이 의견에 동의했기 때문에 우리는 배로 돌아와

싸울 준비를 했습니다. 오래 기다릴 필요가 없었습니다. 해마다 물건 바치는 때가 되자 시토포디안족은 사자를 보내 물건을 요구했고 노인은 그들을 쫓아 보냈습니다. 그러자 그 앙갚음으로 시토포디안족은 신타루스(이것은 그 노인의 이름인데)에게 맹렬한 공격을 했습니다.

우리는 이것을 예상하고, 그들의 뒤를 공격하라는 명령을 받은 완전 무장한 25명의 병사가 숨어서 기다렸습니다. 그들이 지나가자마자 병사들은 그들을 습격해 목을 베었습니다. 그동안 남은 우리들은 그들과 정면으로 맞서 싸워 결국 물리치고 도망치는 그들을 뒤쫓아 그들의 동굴까지 추격해 들어갔습니다. 그들은 170명이 죽은 반면 우리 편은 생선 뼈에 등을 찔려 죽은 키잡이 외에 한 명을 더 잃었을 뿐입니다.

우리는 상어 등뼈로 만든 전리품을 들고 꼿꼿이 선 채로 그날 밤과 낮을 참호 속에서 보냈습니다. 다음날 이 소식을 듣고 트리토노멘데츠를 제외한 나머지 종족들이 우리와 싸우러 나왔습니다. 싸움은 포세이돈 성당 근처에서 벌어졌습니다. 우리는 고래 뱃속이 지중해의 동굴처럼 크게 울리도록 큰소리로 그들을 꾸짖었습니다. 그들이 무장을 하고 있지 않았기 때문에 우리는 곧 그들을 쫓아 숲의 움푹 팬 곳까지 밀어냈습니다.

그들은 곧 연락병을 보내 죽은 자들의 시체를 돌려줄 것과 화평을 애걸했습니다. 그러나 우리는 그들과 교섭

할 생각이 없었기 때문에 모두 목을 베어 버렸습니다. 트리토노멘데츠는 이것을 보고 아가미 쪽으로 달려가 스스로 바다에 몸을 던져 버렸기 때문에 목을 벨 필요가 없었습니다.

이제 우리는 그때부터 적도 없이 온 땅을 다스리며 사냥도 하고 포도를 기르고 열매를 따면서 살았습니다. 우리는 일 년 8개월 동안 이런 생활을 했습니다. 그러나 다음달 5일째 되는 날, 고래의 입이 두 번째 열릴 무렵 (이 괴물은 매시간마다 한 번씩 입을 열기 때문에 우리는 이것으로 시간을 알 수 있었지요) 우리는 갑자기 뱃사람들이 노를 저으면서 때에 맞춰 외치는 구령 소리처럼 들리는 커다란 외침 소리와 아우성 소리를 들었습니다.

너무나 놀란 우리는 괴물의 입으로 기어올라가 이빨 뒤에 서서 이 놀라운 광경을 지켜 보았습니다. 키가 삼백 자가 넘는 거인들이 커다란 섬들 위에 올라타 마치 배에 탄 듯 그 섬을 저어 오는 것이 아니겠어요! 소리가 다른 데서 났을 거라고 생각했지만 바로 거기서 나는 소리였습니다. 섬들은 길기는 했지만 그리 높지 않았고 둘레가 약 10킬로미터 정도 되었습니다. 각 섬마다 스물여덟 명의 거인이 각각 열네 명씩 나란히 양쪽에서 노 대신 사이프러스 나무와 그 가지와 잎 등으로 젓고 있었습니다. 뱃머리에 해당되는 높은 언덕 위에는 1킬로미터쯤 되는 쇠로 만든 방향잡이 노를 잡은 키잡이가 있었습니다. 그들에게는 길잡이도 있었기 때문에 그 섬들도 길다란 배처럼 빠르게 저어 갈 수 있었습니다.

그 섬 위에 자라고 있는 나무들이 돛 역할을 했으며, 불어오는 바람은 큰 돛단배처럼 키잡이가 정한 길을 따라 그 섬을 흘러가게 했습니다.

앞 갑판에는 투구가 필요 없을 정도로 머리칼이 완전히 불타 버린 것을 빼놓고는 아주 흔히 볼 수 있는 무장한 거인들이 40명 서 있었습니다.

처음에 우리는 두세 개의 섬밖에 볼 수 없었지만 나중에는 600개 정도가 나타나 양편으로 나뉘어 싸움에 들어갔습니다. 그들은 온 힘을 다해 공격해 서로 많은 섬을 뒤집거나 부서뜨려 가라앉혔습니다. 또 다른 섬들은 그들 적에게 바짝 다가가 옴쭉달싹도 못하게 붙잡아 버렸습니다. 그들은 갈고랑쇠 대신에 커다란 오징어를 적진 위에 흔들었는데 그 오징어들이 적군 섬의 나무를 꽉 붙잡기만 하면 섬은 옴쭉달싹도 못했습니다. 전투가 더욱 맹렬해지자 앞 갑판에 있던 전사들은 용감하게 적의 배로 건너가 한치의 양보도 없는 무자비한 육박전을 벌였습니다.

두 맞수의 우두머리는 일로센토르와 탈라소포트였습니다. 그들의 싸움은 탈라소포트가 쫓아낸 상어 떼를 일로센토르가 자기네 것이라고 주장한 데서 일어났습니다.

우리가 처음 들었던 시끄러운 소리는 양쪽에서 이에 대해 서로 책임지라고 외치는 소리였습니다.

마침내 일로센토르의 함대가 자기 섬 80개를 잃은 대신 적의 섬 150개를 가라앉히고 섬 세 개를 사로잡아 승리했습니다. 나머지 탈라소포트 함대는 섬을 완전하게 돌릴 수 있을 만큼 뒤로 뺀 후 도망갔습니다. 일로센토르의 섬들은 조금 쫓아가다가 저녁이 되자 되돌아와 쓸모 없게 된 적의 섬 몇 개를 더 가라앉히고 그들 자신의 함대를 살펴보았습니다.

그들의 승리를 기념하기 위해 그들은 고래 머리에 있는 말뚝을 불지르고 적의 섬 하나를 그 말뚝에 비끄러맸습니다. 그날 밤 그들은 이 고래에서 조금 떨어진 곳에서 쉬었는데 일부는 닻줄을 이 고래에게 던져 거기에 정박했고 또 일부는 근처에 닻을 내렸습니다. 그들의 닻은 주로 유리로 만들어졌는데 크고 매우 튼튼한 것이었습니다.

다음날 아침 그들은 고래 등에 제물을 바친 뒤 죽은 동료들을 묻고 승리가를 부르며 기쁨에 들떠 떠나갔습니다. 그것으로 섬 싸움은 막을 내린 것입니다.

이제 우리는 고래 뱃속에서 사는 생활에 넌더리가 나기 시작했습니다. 어쩔 수 없이 그곳에 머무는 삶이 점점 더 지겨워졌습니다. 그래서 우리는 온 힘을 기울여 도망갈 계획을 짰습니다. 우선 이 괴물의 오른쪽 옆구리로 통하는 굴을 뚫어 그 길로 도망가려고 생각했습니다. 열심히 파기 시작했지만 아무 소득 없이 일 킬로미터도 채 못 파서 포기하고 말았습니다. 그러고 나서 우리는 숲에 불을 지르기로 작정했습니다. 불을 지르면 분명히 이 괴물이 죽을 것이고 그가 죽기만 하면 쉽사리 도망갈 수 있으리라고 생각했기 때문이었죠.

우리는 꽁지에 불을 붙였는데 이 짐승은 일주일이 되어서야 겨우 아픈 표정을 보였습니다. 여덟째날과 아홉째날에는 그의 턱이 열렸다가는 곧 수그러져 닫히는 걸로 봐서 꽤 아픈 것 같았습니다. 열흘, 열하루째날에는 썩기 시작한 것처럼 무시무시한 악취가 났습니다.

열이틀째 되는 날 아슬아슬하게도 우리는 이 괴물이 입을 연 다음 그 턱을 받쳐 놓지 않으면 죽은 시체 속에 갇혀 불쌍하게 죽게 될 위험에 처해 있다는 것을 깨달았습니다. 그래서 우리는 커다란 나무 들보를 이용해 턱을 벌려 놓았습니다. 그리고 우리에게 필요한 신선한 물과 양식을 싣고 떠날 채비를 하였습니다. 신타루스가 우리의 키잡이가 되었습니다. 다음날 그 고래는 죽었습니다.

우리는 배를 끌어올려 닻줄을 고래 이빨 주위에 단단히 묶은 다음 이빨 틈 사이로 조금씩 조금씩 배를 낮춰 바다로 나왔습니다.

  * 루시앵의 "실제 있었던 이야기"에서 옮김.

사람 고래

옛날 아이슬랜드 남쪽 지방에서는 일 년 중 어떤 특정한 날에, 육지에서 가이어푸그래스커란 벼랑으로 배를 저어 가 바다새들이 습관적으로 그 벼랑에 낳아 놓은 알과 새들을 잡아오는 풍습이 있었습니다. 이 여행은 그 바위섬이 바다 밖으로 삐죽 나와 있을 뿐 아니라 계속 휘몰아치는 파도가 바위를 때리고 있었기 때문에 언제나 불안했습니다.

언젠가 그 풍습을 지키기에 적절한 계절이 되자 날씨가 며칠 평온할 것 같은 때를 골라 사람들이 배를 타고 그곳으로 간 적이 있었습니다. 바위섬에 도착해서 일부는 배에서 내리고 나머지 사람들은 남아서 배를 돌보고 있었습니다.

그런데 갑자기 거센 바람이 몰아쳐 배에 남았던 사람들은 서둘러 그 섬을 떠나야 했습니다. 바다는 점점 더 거칠어져 사나운 물결이 절벽을 후려쳤기 때문이었습니다. 그 섬에 내렸던 사람들은 모두 다 동료들의 신호를 보고 배로 돌아올 수 있었지만 다른 사람들보다 더 높이, 더 멀리 가려고 부지런을 떨었던 젊고 활동적인 한 청년이 바닷가로 다시 내려오는 데는 더 오랜 시간이 걸렸습니다. 그가 다 내려왔을 때는 파도가 너무 심해 배에 탄 사람들이 그를 구하려고 아무리 애를 써도 그에게 가까이 갈 수조차 없었습니다. 그래서 우선 자신들의 목숨이라도 건지기 위해 육지로 노를 저었습니다.

그렇지만 그들은 폭풍이 좀 잔잔해지면 다시 그 섬으로 돌아와 청년을 구하려고 작정했습니다. 만약 그들이 구해 주지 않는다면 그 젊은이는 추위와 굶주림 때문에 죽을 수밖에 없다는 것을 잘 알고 있었기 때문이었죠. 몇 번이나 가이어푸그래스커로 가려고 했었지만 그 계절 내내 바람과 파도가 그들을 밀어내는 바람에 그 섬에 닿지는 못했습니다. 결국 사람들은 그 청년은 이미 죽었을 것이라고 단정하고 성난 파도에 자신들의 목숨을 걸고 그를 구하려는 노력을 포기해 버렸습니다.

세월은 흘러 또다시 바다새를 잡으러 가는 계절이 돌아왔습니다. 날씨가 좋았기 때문에 농부들은 가이어푸그래스커를 향해 떠났습니다. 절벽에 닿았을 때 사람들은 그들을 향해 내려오는 사람을 보고 기절할 듯이 놀랐습니다. 이렇게 황량한 땅에 사람이 살리라곤 꿈에도 생각하지 못했기 때문입니다. 그 사람이 가까이 오자, 그 전해 이곳에 남겨졌던 청년임이 밝혀졌습니다. 이미 오래 전에 죽은 것으로 생각했던 청년을 다시 본 그들은 놀라 어리둥절했습니다. 단지 꼬마 요정들이 그를 돌보아 주었을 것이라고 생각할 뿐이었습니다.

그들은 별별 것을 다 물어 보았습니다. 무엇을 먹고 살았고 밤에는 어디서 잤으며 겨울에는 무엇으로 불을 지폈는가 등등. 그렇지만 젊은이는 그저 애매하게 얼버무릴 뿐 아무것도 분명하게 대답하지 않았습니다. 단지 청년은 한 번도 그 절벽을 떠나지 않았고 부족한 것 없이 아주 편안하게 지냈다고 말했습니다.

농부들이 그를 뭍으로 데려오자 모든 친구와 친척들은 한없는 놀람과 기쁨으로 그를 맞이했습니다. 그러나 그 해 내내 청년에게서는 절벽 생활에 대한 이야기를 들을 수 없었습니다. 시간이 흐름에 따라 이 사건의 놀라움과 이상스러움은 사람들의 기억에서 사라져 이제는 거의 입에 오르내리지 않게 되었습니다.

어느 여름 일요일 아침, 발슨즈 교회에서 일어난 일들이 사람들을 놀라게 했습니다. 교회에는 많은 사람들이 있었고 그 가운데 가이어푸그래스커 절벽에서 일 년을 살았던 그 젊은이도 있었습니다. 예배가 끝나고 사람들이 교회를 떠나기 시작했을 때 아기가 누워 있는 아주 아름다운 요람이 현관에 세워져 있는 것을 볼 수 있었습니다. 아기 이불은 예쁘게 수놓아져 있었는데 아주 멋진

실로 짠 것이었습니다.

그런데 이상한 것은 그 요람 속에 있는 아기가 누구 아기인지 또 무슨 까닭으로 그곳에 놓여졌는지 아는 사람이 아무도 없었습니다. 마지막으로 교회의 목사가 나와 다른 사람들처럼 그 요람과 아기에 대해 찬탄과 놀라움을 표시한 후, 이 아기와 관계 있는 사람이 없는지를 물었습니다. 아무도 대답이 없었습니다. 그러자 목사는 이 아기에게 세례 주기를 원하는 사람이 없냐고 물었습니다. 어느 한 사람 대답하거나 앞으로 나오는 사람이 없었습니다.

이때 목사는 가이어푸그래스커 절벽에서의 생활에 대해 항상 궁금하게 생각하고 있던 젊은 농부에게 눈을 돌렸습니다. 그래서 그를 옆으로 불러 아기의 아버지가 누구인지 아는지, 그리고 아기에게 세례를 주기를 원하는지 물어 보았습니다. 그러나 그 젊은이는 화를 내며 등을 돌리고 그 아기나 아기 아버지에 대해 아무것도 모른다고 얘기했습니다.

"저 아이에게 세례를 주는 것이 나와 무슨 상관입니까? 세례를 주든 물에 빠뜨리든 목사님 마음대로 하십시오. 저 아이나 애 아버지나 엄마도 나하곤 아무 상관이 없습니다."

그의 입에서 이 말이 떨어지자 갑자기 현관에 굉장히 아름답고 우아한 몸매를 지닌 단정한 옷차림을 한 여인

이 나타났습니다. 그 여인은 요람에서 이불을 잡아채어 교회 문 안으로 던져 넣으며 말했습니다.

"모두 증인이 되어 주세요. 나는 이 교회에서 이 아기를 세례시켜 줄 의무를 다해 주기를 바랍니다."

그리고 그 젊은 농부 쪽으로 얼굴을 돌려 그에게 팔을 뻗치며 외쳤습니다.

"너, 이 믿지 못할 겁쟁이, 자기 아기를 버린 자여. 저 넓은 바다에서 가장 사납고 무시무시한 고래가 될지어다!"

이 말을 던지고 그 여인은 요람을 안고 사라졌습니다.

한편 목사는 그녀가 교회 안에 던진 이불을 가지고 제대보를 만들었는데 그것은 여태까지 본 것 가운데 가장 훌륭한 제대보가 되었습니다.

그 젊은 농부는 그 자리에서 미쳐 버렸습니다. 그는 깊은 바다에 깎아지른 듯이 서 있는 절벽으로 달려내려가 마치 떨어져 죽을 듯이 서 있었습니다. 그러나 벼랑 끝에서 잠시 머뭇거리는 동안, 참으로 무시무시한 변화가 그에게 일어났습니다. 바위가 그를 지탱할 수 없을 정도로 그의 몸이 점점 커져서 마침내 바위는 그 발 밑에서 부서지고 그는 바닷속으로 떨어졌습니다. 그러자마자 그는 커다란 고래로 변했으며 그가 쓰고 있던 빨간 모자는 빨간 머리가 되었습니다.

이런 일이 있은 후 그 청년의 어머니는, 자기 아들이

가이어푸그래스커에서 요정들과 지냈다고 고백했습니다. 그의 동료들 때문에 절벽에 남게 된(청년은 어머니에게 그렇게 말했었습니다) 청년은 처음에는 절망에 빠져 이리저리 떠돌며 추위와 배고픔을 겪느니 차라리 파도에 몸을 던져 빨리 죽어 버려야겠다는 생각만 했답니다.

그런데 한 어여쁜 소녀가 그에게 다가와 자기는 요정인데 함께 겨울을 지내자고 말했답니다. 그해 말이 채 못 되어 요정은 아기를 낳았답니다. 청년의 친구들이 다시 그 절벽에 왔을 때 요정은 그가 교회 현관에서 이 아기를 보면 세례시켜 준다는 조건으로 뭍으로 돌아가게 했습니다. 만약 이 약속을 지키지 않으면 아주 가혹한 벌을 받고 매우 불행한 운명에 빠질 것이라고 위협했다고 합니다.

이제 그 빨간 머리 고래는 팍사피요르에 그의 거처를 정하고 아무런 이유도 없이 수많은 배를 부수고 선원들을 물에 빠뜨리는 등 나쁜 짓을 했습니다. 그래서 결국 이 만을 건너는 것은 매우 위험한 일이 되었으며 아무도 그 고래의 사나움을 막거나 쫓아낼 수 없었습니다.

얼마 동안 이런 상태가 계속된 후, 그 고래는 지금은 그의 이름을 따 발피요르더라 불리는 아크래인즈와 칼래인즈 사이의 좁은 만에 나타나기 시작했습니다.

그때 발퍄르다르스트뢴드의 사우르뵈르 마을에 건장하고 마음씨 착하지만 눈이 먼 나이 많은 목사가 살고 있었습니다. 그에게는 꽃다운 나이의 두 아들과 딸이 있었습니다. 이들은 모두 아버지의 희망이자 기둥이었고 아주 소중한 보물이었습니다.

그의 아들들은 자주 발피요르더로 낚시질하러 가곤 했습니다. 그런데 어느 날 그 빨간 머리 고래를 만나 배가 뒤집혀 모두 물에 빠져 죽었습니다. 그들이 죽었다는 소식과 어떻게 해서 죽었는지를 듣고 난 아버지는 슬픔으로 가슴이 미어지는 것 같았지만 그 당시에는 한마디도 말을 하지 않았습니다. 아 참, 이 늙은 목사가 마술에 능하다는 사실을 알려 드려야겠군요.

이 일이 있은 지 얼마 되지 않은 어느 여름 맑게 갠 아침, 목사는 딸에게 그의 손을 잡고 바닷가로 데려가 달라고 말했습니다. 바닷가에 이르자 그는 가지고 온 측량 막대기의 끝을 파도 속에 넣고 그 손잡이에 기대 깊은 생각에 잠겼습니다.

잠시 후 딸에게 물었습니다.

"바다가 어떻게 보이니?"

딸이 대답했습니다.

"아버지, 거울처럼 맑고 고요해요."

다시 몇 분 후 그는 되풀이해서 물었습니다.

"바다가 어떻게 보이니?"

"수평선에 검은 선이 보이는데 점점 더 가까이 다가오고 있어요. 만으로 헤엄쳐 오는 고래 떼 같은데요."라고 딸이 대답했습니다.

검은 선이 다가오고 있다는 말을 들은 노인은 딸에게 그 만에 가까운 곳으로 데려가 달라고 말했습니다. 그렇게 하니 그 검게 파도치는 바다가 계속 그들을 뒤따라왔습니다. 그러나 물이 얕아짐에 따라 물거품을 일으키는 것은 그녀가 처음 생각했던 것처럼 고래 떼가 아니라 빨간 머리를 한 커다란 고래 한 마리라는 것을 알았습니다. 그 고래는 보이지 않는 힘에 이끌린 것처럼 그들을 재빠르게 뒤따르고 있었습니다.

강이 그 만의 맨 끝점으로 흘러드는 곳에서 목사는 딸에게, 계속 둑을 따라 자기를 이끌어 달라고 부탁했습니다. 발자국 하나하나를 느끼며 천천히 강을 따라 걷고 있을 때 고래는 그렇게 커다란 괴물이 헤엄치기에는 그 강의 물이 너무 적었기 때문에 굉장히 힘들게 그들을 뒤쫓았습니다.

그러나 그들은 앞으로 앞으로 나아갔고, 고래 역시 계속 뒤따라와 강이 거대한 바위 벽 사이로 좁아진 곳에 이르게 되었습니다. 고래가 계속 쫓아오자 그들 발 아래 땅이 흔들렸습니다. 잠시 후 폭포에 이르자 그 괴물은 용수철처럼 뛰어올라 땅을 뒤흔들고 바위를 부서뜨렸습니다. 마침내 그들은 그들이 바다에서부터 거슬러 왔던 강이 시작되는 호수, 발바튼 호수에 닿았습니다. 여기서 그 괴물의 심장은 심한 고생과 고통 때문에 터져 버려 그들의 눈앞에서 사라졌습니다.

그 고래를 유혹해 죽게 한 늙은 목사가 집으로 돌아오자 가까운 이웃은 물론 먼 지방 사람들까지 모두 찾아와서 바닷가의 무시무시한 괴물을 처치해 준 데 감사했습니다.

이 빨간 머리 사람 고래 이야기를 믿지 않는 사람들에게는 이 이야기가 전해진 훨씬 뒤에도 발바튼 호수 가에서는 커다란 고래 뼈를 발견할 수 있었다는 사실을 꼭 들려줘야겠군요.

　* 존 아나슨의 "아이슬랜드의 전설"에서 옮김.

브레따뉴의 인어

옛날에 한 노인이 바닷가 오막살이에서 그의 아내와 함께 살고 있었습니다. 노인은 브레따뉴에서는 새보우라고 불리는 나막신을 만들었습니다. 그 나막신은 그가 그의 손님인 가난한 어부들에게 줄 수 있는 유일한 것이었습니다. 그 또한 매우 가난해서 그의 아이들, 딸 하나와 아들 하나가 바닷가에서 먹을 것을 구해 오면 언제나 기뻐했습니다.

어느 날 아이들이 바닷가에서 먹을 것을 찾고 있을 때 그들은 인어 한 마리가 근처로 헤엄쳐 와 달콤한 노래를 부르며 바닷물을 황금빛으로 물들이는 것을 보았습니다. 아이들은 집으로 달려가 아버지에게 바닷가에서 본 이상한 금빛 물고기에 대해 이야기했습니다.

나막신 만드는 노인은 이 색다른 짐승을 잡으려고 마음먹었습니다. 그래서 서둘러 바닷가로 내려가 낚싯줄에 미끼를 달고 기다렸습니다. 그러나 인어는 미끼를 건드리려고도 하지 않았습니다. 그런 식으로는 잡을 수 없는 것이 분명해졌습니다.

노인은 어떻게 해야 인어를 잡을 수 있는지 몰라 당황했습니다. 그러던 어느 날 우연히 운 좋게도 그 인어가 잔잔한 바다에서 잠자고 있는 것이 눈에 띄었습니다. 그래서 커다란 양동이를 가지고 물 속으로 걸어가 인어 아래에 양동이를 받쳐 놓고는 아직도 자고 있는 그녀를 바닷가로 끌고 나왔습니다. 그녀는 금발에 눈부시게 하얀 몸과 빛나는 물고기 꼬리를 가진 열여덟 살쯤 된 아름다운 소녀 같았습니다.

바로 그때 잠에서 깨어난 인어는 자신이 육지에 잡힌 몸이 된 것을 보고 깜짝 놀랐습니다. 그녀는 아주 달콤한 목소리로 나막신 만드는 노인에게 바다로 돌려보내 달라고 애원했습니다.

“안 돼. 너를 붙잡으려고 얼마나 오래 기다렸는데. 너를 집으로 데려가 온 가족에게 보여 줄 테다. 네가 우리에게 노래를 불러 주고, 내 아내가 찬성하면 너를 바다로 다시 보내 주겠다.” 하고 그가 대답했습니다.

그러나 노인이 그 인어를 아내에게 보여 주자 아내는 좀처럼 그 인어를 보내려 하지 않고 아주 볼멘소리로 말했습니다.

“안 돼요. 이것은 굉장한 고기예요. 이런 것은 난생 처음 보았어요. 이걸로 저녁을 해먹읍시다.”

"어머나," 하고 인어는 소리질렀습니다.

"만약 나를 잡아먹으면 다시는 아무것도 먹지 못할 거예요. 원하는 게 있으면 무엇이든지 말해 보세요. 나도 요정과 꼭 같은 힘이 있으니 원하는 것을 다 드리겠어요. 그러니 제발 나를 바다로 돌려보내 주세요. 땅에 머물면 점점 더 약해져 곧 죽게 될 거예요."

이 말에 부인은 마음이 너그러워져 자기가 양동이의 한쪽을 잡고 남편은 다른 한쪽을 잡고 서둘러 바닷가로 달려갔습니다. 바다는 곧 인어에게 생기를 불어넣어 주었고 인어는 도망쳐 온 기쁨에 웃음을 터뜨렸습니다.

"무엇을 바라세요?"라고 감사해 마지않으며 인어가 나막신 만드는 노인에게 물었습니다.

"나의 아내와 내 어린것들과 내가 먹고 입을 빵과 고기와 옷."이라고 그가 대답했습니다.

"스물네 시간 안에 당신이 원하는 모든 것을 갖게 될 거예요. 더 이상 원하는 게 없으세요?"라고 인어가 물었습니다.

"빚을 갚고 한두 가지 물건을 살 수 있을 정도의 돈이 있다면 더 좋을 텐데."라고 노인이 대답했습니다.

인어는 아무 말 없이 꼬리로 물을 치기 시작했습니다. 그러자 나막신 만드는 이의 발 아래 모래 위로 튀어온 물방울은 모두 즉시 금 조각으로 변하는 것이 아니겠어요! 노인과 그의 아내는 너무나 놀라서 진심으로 그 인어에게 감사했습니다.

"스물네 시간 안에 이 자리로 다시 오세요."라고 말하며 인어는 마지막으로 꼬리를 쳐서 나막신 만드는 노인 발 아래 또다시 금 조각을 퍼붓고는 헤엄쳐 갔습니다.

스물네 시간이 지나 바닷가로 가자 인어가 그를 기다리고 있었습니다. 그를 본 인어는 꼬리로 파도를 치면서 달콤한 노래를 불렀습니다. 잠시 후 큰 파도가 커다란 궤짝을 가지고 바닷가로 밀려왔습니다.

"그 안에 당신에게 필요한 모든 옷이 있을 거예요."라고 인어가 다정하게 말했습니다.

"그리고 물고기가 필요하면 언제나 이 바닷가로 나오세요."

나막신 만드는 그의 아내는 또다시 그 인어에게 감사하고 힘들여 그 커다란 궤짝을 집으로 옮겼습니다. 그것을 열자 그 안은 아름다운 옷으로 가득 차 있었습니다. 그 옷을 입고 보니 어쩌면 그렇게 꼭 맞는지!

이런 일이 있은 후 그들은 고기가 필요할 때마다 아이들을 바닷가로 보내기만 하면 몇 분 안에 그들이 옮길 수 있을 만큼의 많은 고기를 들고 돌아왔습니다.

마지막으로 한 번 더 그들에게 모습을 나타낸 인어는, 이번에도 역시 금을 퍼부어 주어 그들을 부유하게 만든 뒤 이제 인도에 있는 고향으로 돌아가는 긴 여행을 떠날 것이라고 했습니다. 그리고 영원한 작별 인사를 나누었습니다.

그 이후로 나막신 만드는 노인과 그의 가족이 언제까지나 행복하게 살았다는 것은 쉽게 짐작이 가겠지요.

*세빌로트의 "바다 이야기"에서 옮김.

제 3 부

바다의 모험

쿠드의 모험
아르고 호의 영웅들
선원과 진주 상인
안드로메다

쿠드의 모험

옛날 우루란 나라에 한 임금이 살았는데, 그에게는 세 아들이 있었습니다. 그들의 이름은 쿠드, 캐드, 미캐드였습니다. 어느 날 이 삼형제는 바닷가에 단단히 지어진 성 근처에서 놀고 있었습니다. 그러다가 쿠드는 아버지에게로 달려들어가 말했습니다.

"아버님, 제가 부탁드리는 것을 들어주셔요."

"내가 들어줄 수 있는 것이라면 무엇이든지 들어주마."라고 임금이 말했습니다.

"제가 바라는 것은 저와 동생들이 저녁때까지 탈 수 있는 배 한 척을 주시는 것입니다."

"물론 기꺼이 배를 주기는 하겠지만 내 생각엔 너희들이 배 타기엔 너무 어린 것 같구나."

"우리가 컸다는 것을 보여 드리죠." 하고 쿠드가 대답했습니다.

임금은 그에게 배를 주었습니다. 쿠드는 밖으로 뛰어

가 양팔에 캐드와 미캐드를 안고 항구에서 가장 좋은 배에 훌쩍 올라탔습니다. 그러고는 돛을 올렸습니다. 삼형제는 크고 튼튼한 선원들만큼 일을 잘해 냈습니다. 그들이 출발할 때는 배를 띄우기에 더할 수 없이 좋은 바람이 불어왔습니다.

얼마 지나서 거센 바람이 불어와 모든 닻줄은 풀어지고 노는 부딪치고 키도 날카로운 소리를 내었습니다. 파도가 세 길이나 되게 치솟아 바닥에 있던 자갈이 튀어오르고 꼭대기의 물거품은 밑으로 곤두박질했습니다. 이제 눈앞에서 왕국의 모습은 사라졌습니다. 주위에 푸른 바다 외엔 아무것도 볼 수 없게 되자 물은 다시 잔잔해졌습니다.

쿠드는 갑판 위를 거닐며 자기가 저지른 일을 후회했습니다. 그렇지만 그렇게 마냥 후회만 하고 있지는 않았습니다.

조금 지나자 2킬로미터 밖에 있는 조그마한 배가 눈에 띄었습니다. 그는 훌쩍 그 배로 건너뛰었습니다. 배 바닥에는 이 세상에서 제일 아름다운 소녀가 자고 있었습니다. 그는 한 손으로 그녀의 허리를 안고 그의 배로 훌쩍 뛰어 돌아왔습니다. 그런데 그가 갑판에 닿자 그 소녀가 깨어나 이렇게 말하는 것이었어요.

"당신은 저를 보았기 때문에 그만 불행해져 마법의 굴레에 씌워지게 되겠군요. 이제 당신은 나를 처음 본 이

곳에서 떠나 나를 다시 찾을 때까지 영원히 방랑해야 합니다. ”라고 그녀는 예언을 했습니다.

“내가 당신을 찾으러 갈 때 당신을 누구라 불러야 합니까 ？”

“‘퍼메일리의 고양이’나 ‘끝없는 이야기의 백조’라 부르셔요. ”라고 그녀가 대답했습니다.

그는 그녀를 한달음에 작은 배로 데려다 주고 다시 한달음에 그의 배로 돌아왔습니다. 떠날 때도 바람이 잘 불었지만 돌아올 때는 더욱 잘 불어 배는 두 배나 더 빨리 나아갔습니다. 저녁에 그 배는 다시 다른 배들 사이에 닻을 내렸습니다. 형제들은 조그만 배로 옮겨 타 육지로 갔습니다.

쿠드가 들어서자 그의 아버지는 그에게 의자를 내밀어 주며 크게 환영했습니다. 쿠드는 그 위에 앉았습니다. 거기에 앉자마자 의자 살이 세 개나 부서지고 그의 갈빗대 두 대와 성의 지붕에 있는 서까래 하나가 부서졌습니다.

“너 오늘 무슨 마법에 걸렸구나. ”

아버지가 말했습니다.

“그렇습니다. ” 하고 쿠드가 대답했습니다.

“‘퍼메일리의 고양이’나 ‘끝없는 이야기의 백조’를 찾을 때까지 영원히 떠돌아야 된답니다. ”

쿠드와 그의 아버지는 그날 밤을 함께 지냈습니다. 두

사람은 너무 슬퍼서 가슴이 무너지는 것 같았습니다. 새벽 동이 트자마자 쿠드는 일어나 아침을 먹었습니다.

"나와 함께 있자. 지금 당장 이 왕국의 절반을 주고 내가 죽은 뒤엔 나머지를 다 줄 테니."라고 아버지가 말했습니다.

"마법에 걸린 채로 있을 수 없으니 떠나야만 합니다." 하고 쿠드가 대답했습니다.

쿠드는 그가 제일 좋아하는 배를 타고 그 안에 7년하고 하루 동안 먹을 양식을 실었습니다.

"자, 더 필요한 것이 있으면 말해라. 이 세상에서 내가 줄 수 있는 것이라면 무엇이든 다 주겠다."라고 아버지가 말했습니다.

"두 아우와 함께 가는 것 외에는 아무것도 바라지 않습니다."

"네가 내게서 떠나는데 그 애들이 어디로 간들 무슨 상관이 있겠느냐?"라고 임금이 말했습니다.

삼형제는 배에 올라탔습니다. 지난번에도 바람이 잘 불었었지만 이번에는 더욱 잘 불었습니다. 그들은 퍼메일리에 닿을 때까지 쉬지도 않고 나아갔습니다.

세 사람은 육지에 올라 왕국으로 걸어갔습니다. 조금 걸어가니까 금방 커다란 성이 보였습니다. 그들은 문으로 다가갔습니다. 쿠드가 문을 열자 고양이 한 마리가 나왔습니다. 그 고양이는 쿠드를 보고 고개를 숙인 뒤

가버렸습니다.

성안이나 성 근처에서는 사람은커녕 짐승 한 마리도 눈에 띄지 않았습니다. 가장 높은 창문 가에서 한 여자가 홀로 바느질을 하고 있었습니다.

"쉬지 말고 저 여인이 있는 데로 올라가자." 하고 쿠드가 말했습니다.

그들이 그 여인에게 다가갔을 때 그 여인은 그들을 반갑게 맞이하며 쿠드에게는 황금 의자를 내주고 두 동생에게는 나무 의자를 내주었습니다.

"우리 두 사람보다 형에게 그렇게 크게 친절을 베푸는 것은 이상하지 않소?"라고 미캐드가 따졌습니다.

"놀랄 이유가 없어요. 제가 이분에게 친절을 베푼 것은 이분이 저의 형부이시기 때문이어요."라고 여인이 대답했습니다.

"뭐라고요? 그럼 형의 아내는 지금 어디 있소?"

"당신들이 이 성으로 들어올 때 나간 고양이가 바로 제 언니여요."

"아니, 그 고양이란 말이오?"라고 쿠드가 소리질렀습니다.

그들은 그날 밤 맛좋은 음식을 배불리 먹으며 지냈습니다. 그들이 먹은 음식은 모두 꿀맛처럼 달콤했으며 맛없는 것이라고는 하나도 없었습니다. 동이 트자 세 사람은 일어났고, 쿠드의 처제가 아침을 차렸습니다.

“저는 여러분들이 배에서 맛없는 음식을 드시게 될까 걱정돼서 죽겠어요. 저를 데려가 주셔요. 그러면 좀더 나은 음식을 드실 수 있을 테니까요.”

“대환영이오. 우리와 함께 갑시다.”라고 쿠드가 대답했습니다

쿠드보다도 다른 형제들이 더 그녀를 환영했습니다. 네 사람은 배에 올라탔습니다. 형제들은 돛을 올리고 닷새 동안 가다가 서쪽 바다에서 오는 황금처럼 빛나는 배 한 척을 보았습니다.

그 배가 다가와 그들은 우루 임금의 세 왕자를 찾아다니는 중이라고 말했습니다. 그들은 헤이돈 왕의 세 아들로서 쿠드 일행을 그들의 나라로 초대하려는 것이랍니다. 그래서 곧 그들은 서로 친구가 되어 한배에 옮겨 탔습니다.

“전에도 배를 탄 적이 있으셔요?”라고 쿠드가 제일 나이 많은 낯선 왕자에게 물었습니다.

“혼자 걸을 수 있는 나이가 된 후 줄곧 배를 타고 여행했다오.”라고 그가 대답했습니다.

“나는 이번이 첫번째 여행입니다. 이제 우리는 모두 형제이고 친구들이 되었군요. 그리고 당신들이 우리를 당신 왕국으로 인도해 준다 했으니 당신이 내 배를 지휘하시지요.” 하고 쿠드가 말했습니다.

헤이돈 왕의 아들은 기꺼이 배를 맡아 곧바로 자기 나

라로 저어 갔습니다.

헤이돈 왕의 아들들은 고향을 떠나오면서 왕국 안의 모든 백성들에게 그들이 우루 왕의 왕자들과 함께 돌아오면 모두들 항구에 나와 그들을 맞으라고 명령했었습니다. 그리고 "이들을 결코 살려 보내서는 안 된다."고 말해 두었었지요.

첫 항구로 배가 들어가자 바닷가에는 사람들이 새까맣게 모여들었습니다.

"저 사람들은 왜 저렇게 모여 있나요?" 하고 쿠드가 물었습니다.

"나도 잘 모르겠소만 당신의 두 동생을 우리와 함께 보내 준다면 이유를 알아다 드리겠소."라고 헤이돈 왕의 아들이 대답했습니다.

닻을 내리고 연락선을 내린 다음, 캐드와 미캐드는 헤이돈 왕의 세 아들과 함께 그 연락선에 올라탔고 쿠드와 그의 처제는 배에 남아 있었습니다.

쿠드는 동생들이 연락선으로 옮겨 탈 때부터 한시도 그들에게서 눈을 떼지 않았습니다. 바닷가 근처에 이를 때까지 그들을 지켜 보고 있는데 아 글쎄, 둘 다 살해되는 것이 아니겠어요. 그 순간 쿠드는 펄쩍 땅에 뛰어내려 작은 새를 덮치는 매처럼 달려갔습니다. 그러고는 왕국에 있는 모든 사람의 머리를 베었습니다. 두 시간도 채 안 걸렸지요. 그런데 그보다도 동생들의 시신을 찾는데 두 배나 더 힘이 들었습니다. 마침내 동생들을 찾긴 찾았는데 어떻게 묻을지가 문제였습니다. 그러던 중 그는 바닷가에서 세 개의 돛대를 가진 낡은 배를 보았습니다. 그는 돛대를 잡아당겨 배를 육지로 끌어올린 뒤 혼자말을 했습니다.

"동생들을 이 뒤집힌 배 밑에 묻어 놓았다가 언젠가 데리러 돌아와야지."

그는 시체를 땅에 놓고 배를 뒤집어 그 위에 엎은 뒤 길을 떠났습니다.

그의 처제도 이 무서운 일을 모두 보았습니다.

'이제 쿠드는 결코 살아 남지 못할 것이다.'라고 생각한 그녀는 너무 놀라고 슬픈 나머지 그만 죽어 버렸습니다.

쿠드는 그녀를 바닷가로 데려다 그의 동생들과 함께 배 밑에 묻었습니다. 그러고는 배를 타고 혼자 한 번도 멈추지 않고 무칸 모르가 사는 왕국에 닿았습니다.

바닷가에 내린 쿠드는 걸어서 어떤 성에 다다랐습니다. 그는 성 앞에 굉장히 큰 기둥이 세워진 것을 보고 슬쩍 그것을 쳐보았습니다. 그 기둥을 치면 곧 싸움을 거는 신호가 되는 것이었어요. 그랬더니 정찰병이 밖으로 나와 누가 기둥을 쳤을까 하고 여기저기 훑어보았습니다. 기둥 근처에 서 있는 머리가 흰 젊은이말고는 아무도 볼 수 없었습니다. 그래서 그는 성으로 다시 들어갔습니다.

"누가 기둥을 쳤느냐?" 하고 무칸 모르가 물었습니다.

"머리가 흰 젊은이말고는 아무도 없었습니다만 그 청년이 친 것 같지는 않았습니다."

그때 쿠드는 더 세게 쳤습니다.

"저 치는 소리는 보통 청년이 칠 수 있는 것보다 훨씬 세구나. 가서 누가 있는지 보고 오너라."라고 무칸 모르가 명령했습니다.

그 정찰병은 이리저리 찾아보았지만 그 젊은이 외에는 아무도 찾지 못했습니다.

"네가 저 기둥을 친 사람이라면 참으로 놀라운 일인데."라고 그가 말했습니다.

"내가 그 기둥을 쳤기로소니 뭐가 어쨌단 말이오?"라고 젊은이가 따졌습니다.

"무칸 모르가 이제 곧 저녁을 드실 것이다. 그런데 만약 네가 그를 다시 화나게 만들면 저녁 대신 너를 먹으려 할 것이다."라고 그 정찰병이 말했습니다.

"저녁은 준비됐어요?"라고 쿠드가 물었습니다.

"거의 다 준비되었다."라고 그가 대답했습니다.

그 사람이 안으로 들어가자 쿠드는 기둥을 한 번 더 세게 쳤습니다. 그랬더니 송아지, 망아지, 양, 새끼 염소, 혹은 태어나려고 하는 새끼들은 물론 덜 자란 귀리

나 호밀 등 하나도 남김없이 모두 죽어 버리는 것이었어요. 쿠드가 이렇게 소란을 피우자, 접시들은 모두 부서졌고 칼은 이리저리 굴러떨어졌으며 성이 밑바닥에서부터 흔들렸습니다. 무칸 모르 자신도 떼굴떼굴 굴렀습니다. 밖으로 나와서 그 젊은이를 본 무칸 모르가 물었습니다.

“저 기둥을 친 사람이 바로 너냐?”

“좀 건드렸을 뿐인데.”

쿠드가 대답했습니다.

“그렇게 거짓말을 하다니 제정신이 아니구나. 오늘 저녁으로 너를 잡아먹겠다.”

그는 쿠드를 성안으로 끌고 가서 꼬챙이에 꿰어 구워 먹으려고 생각했습니다. 그가 쿠드를 잡으려 하자 두 사람은 곧 들판에서 싸우는 황소처럼 싸우기 시작했습니다. 날이 매우 어두워지자 무칸 모르는 쿠드가 찾지 못하도록 안개를 일으키고는 숨어 버렸습니다.

쿠드는 숲으로 가서 아침이 될 때까지 몸을 녹일 수 있도록 불을 피울 나뭇가지를 주워 모았습니다. 별로 많은 가지를 주워 모으지도 못했을 때 열두 마리의 백조가 그 가까이 날아왔습니다.

“나를 좀 도와 줘!”라고 그가 말했습니다.

“내 생각에 너희들은 나를 굶주림에서 구하기 위해 내 아버지 나라에서 날아온 축복받은 새들인 것 같으니 내가 잡아먹어야겠다. ”

“언젠가 당신이 나를 보았거나 제가 당신을 뵈온 적이 있는 것 같은데 섭섭하군요. ” 하고 백조 가운데 하나가 말했습니다. 그러고는 그 열두 마리의 백조들은 모두 날아가 버리는 것이었어요.

쿠드는 나뭇가지를 모아 불을 지피고 상처에 난 피를 말렸습니다.

아침이 되자 무칸 모르가 싸움 거는 기둥을 쳤습니다. 무칸 모르와 쿠드는 서로 맞서 저녁 늦게까지 싸운 뒤 다시 무칸 모르는 안개를 피우며 도망갔습니다. 쿠드는 전처럼 나뭇가지를 주우러 숲으로 갔습니다. 가지 몇 개를 줍기도 전에 백조 열두 마리가 다시 날아왔습니다.

“너희들은 내 나라에서 온 축복받은 새들이냐?”고 그가 물었습니다.

“아닙니다. 그러나 당신이 어젯밤과 같은 행동으로 우리를 쫓지만 않는다면 당신을 보호해 드리겠어요. ”라고 한 백조가 말했습니다.

“나를 보호해 준다면 너희를 쫓지 않겠다. ”라고 쿠드가 대답했습니다.

그러자 백조들은 나뭇가지를 모으기 시작해 오래지 않아 큰 불을 피울 수 있게 했습니다. 열두 백조 가운데 한 백조가 쿠드 옆에 앉아 말했습니다.

“무칸 모르를 죽일 수 있는 것은 이상한 사과밖에 없

어요. 지난 3일 동안 그것을 찾아 다녔어요. 그런데 오늘에야 찾아내서 여기 당신에게 드리려고 가지고 왔지요. 내일 당신은 다른 날보다 일찍 무칸 모르를 이길 수 있을 거여요. 그는 정해진 시간이 되지 않으면 안개를 일으킬 수 없어요. 시간이 되면 그는 두 손을 들어올려 공중으로 올라가려고 할 것입니다. 바로 그때 당신이 이 사과로 그의 오른쪽 갈빗대를 치면 그를 초록빛 돌로 만들 수 있을 거여요. 만약 그렇게 하지 못하면 거꾸로 그가 당신을 돌로 만들 거여요.”

쿠드는 사과를 받은 뒤 그 백조에게 감사했습니다. 그러고 나서 백조는 그에게 가장 맛있는 음식을 대접했습니다. 그 백조는 언제나 맛있는 음식을 가지고 있었습니다. 쿠드는 이틀 동안이나 굶어 너무나 배가 고팠기 때문에 아주 기뻤습니다. 그 백조는 자신의 날개와 머리로 그의 머리를 감싸서 아침이 될 때까지 돌보아 주었습니다. 이튿날 아침 쿠드의 상처는 한 군데도 남기지 않고 모두 나았습니다. 새벽 동이 트자마자 백조는 쿠드를 깨웠습니다.

“이제 일어나서 걸어 보셔요.”라고 그녀가 말했습니다.

그는 먼저 그 기둥 앞으로 가 무칸 모르가 나동그라질 정도로 세게 쳤습니다. 그래서 무칸 모르는 매우 두려워졌습니다.

삼 일째 싸움이 시작되고 얼마 안 되어 쿠드가 이겨 가는 듯했습니다. 그러자 무칸 모르는 하늘로 두 팔을 벌려 안개 속으로 도망가려고 안간힘을 썼습니다. 바로 그때 쿠드가 사과를 무칸 모르에게 던져 그를 초록빛 돌로 만들어 버렸습니다.

그가 무칸 모르를 죽이자마자 어디선가 늙은 마술쟁이 하나가 달려오는 것이겠지요.

"부디 명성과 건강을 누리시길 !"

그 마술쟁이 할멈이 쿠드 앞에 다가와서 인사하며 말했습니다.

"나는 젊은이가 3일 동안 아무것도 먹지 않고 싸우는 모습을 지켜 보았소. 이제 나와 함께 가면 어떻겠소. "

"뭘 그리 망설이다 이제야 부탁하시는 겁니까 ? "라고 그가 대답했습니다.

"거절하지 않았으면 좋겠소. "라고 마술쟁이 할멈이 재촉했습니다.

"가겠어요. "라고 쿠드가 승낙했습니다.

"자, 당신 손을 이리 주시오. 그러면 빨리 갈 수 있을 게요. " 하며 마술쟁이가 손을 내밀었습니다.

그는 그 할멈의 손을 잡았습니다. 할멈이 그의 손을 잡는 동안 전혀 움직이지 않았는데도 쿠드는 자기 몸이 움직이고 있음을 느낄 수 있었습니다.

"이제 얼마 안 남았소. "라고 할멈이 말하면서 몇 번

훌쩍 뛰더니 마침내 목적지에 도착하는 것이었어요. 그녀는 그를 커다란 성으로 데리고 갔습니다. 그곳에는 여태까지 본 적이 없는 진수성찬이 차려져 있었습니다.

"우루 왕의 아드님, 앉아서 드시지요."

"나는 결코 혼자서는 음식을 먹지 않아요."라고 쿠드가 거절했습니다.

"나와 함께 드시겠소?"

"별 끔찍한 소리를 다 하는군요, 싫어요."

그러자 할멈은 문 하나를 열고 열두 마리의 돼지와 머리가 없는 돼지 한 마리를 들어오게 했습니다.

"우루 왕의 아드님, 그러면 이것들과 함께 드시겠소?"

"정말로 나쁜 할멈이로군. 이것들과 먹으려면 차라리 할멈과 먹는 게 낫겠어요. 그렇지만 할멈과는 먹지 않겠어요."

할멈은 그들을 내보내고 다른 문을 열어 세상에서 가장 둔하고 더럽고 못생긴 마술쟁이 열두 명을 불러냈습니다.

"그러면 이 사람들과 드시겠소?"라고 할멈이 물었습니다.

"그러느니 안 먹고 말겠소."

그녀는 서둘러 그들을 돌려보내고 또 문 하나를 열어 아름다운 젊은 소녀 열두 명을 불러냈습니다.

“이들과 함께 드시겠소?”

“이 사람들이라면 함께 식사할 만하지요.”라고 쿠드가 대답했습니다.

그들은 앉아서 맛있게 식사를 즐겼습니다.

식사를 마쳤을 때 할멈이 문을 열자 소녀들은 그들 방으로 돌아갔습니다.

“너무 늦어서 크게 꾸중 듣겠네. 이제 가야겠는데.”라고 늙은 할멈이 말했습니다.

“무슨 문제가 있길래 늦는다고 꾸중을 듣지요?”

“당신이 본 열두 마리의 돼지는 내 아들들이고, 머리가 없는 돼지는 내 남편이오. 당신이 본 더럽고 누르께한 마녀들은 내 열두 명의 딸이고, 당신과 함께 식사한 소녀 열두 명은 내 딸들의 시녀요.”라고 할멈이 말했습니다.

“왜 당신 아들과 남편은 돼지가 되었고 당신 딸들은 마녀들이 되었지요?”

“저 너머에 살고 있는 야만인이 그들에게 마술을 걸어 붙잡아 두고 있소. 나는 밤마다 금사과를 그에게 바쳐야 해요.”

“내가 오늘 밤 함께 가드리지요.”라고 쿠드가 말했습니다.

“가도 소용이 없소.”라고 할멈이 말했습니다.

오랫동안 이야기를 나눈 뒤 할멈은 그와 함께 가기로

결정했습니다. 먼저 할멈이 가고 쿠드가 뒤따라갔습니다. 그녀가 문을 두드리자 문이 열렸습니다. 쿠드는 바로 그 순간에 그녀와 함께 안으로 들어갔습니다. 하인이 일어나 문에 빗장 일곱 개와 자물쇠 일곱 개를 채웠습니다. 쿠드가 일어나 자물쇠 일곱 개와 빗장 일곱 개를 더 채웠습니다. 쿠드가 이렇게 하는 것을 보고 모든 사람이 웃기 시작했습니다. 난롯가에 서 있던 야만인은 큰소리로 웃어젖혔습니다.

“도대체 왜 웃는 거요?”

쿠드가 물었습니다.

“네가 꼬챙이에 꿰어 구워 먹기에 아주 좋다고 생각되어서 그런다.”

그리고 그의 조그만 시종에게 “일어나서 저 녀석을 묶어라.” 하고 말했습니다.

그 시종은 일어나서 쿠드를 묶으려 애썼으나, 도리어 쿠드가 그를 눌러 묶어 버렸습니다.

“이 빌어먹을 놈, 너 같은 녀석 때문에 맛있는 음식을 잃어버린다면 아까운 일이지.”

그 야만인은 작은 시종에게 말했습니다.

“일어나서 저놈을 묶어라.”라고 큰 시종에게 말했습니다.

큰 시종이 일어났으나 그는 작은 시종이 버틴 시간의 반도 채 못 돼 무릎을 꿇고 말았습니다. 쿠드는 그의 주머니에서 끈을 꺼내 그를 묶기 시작했습니다. 그는 야만인의 정강이를 붙잡아 끌어내려 무릎으로 그를 찍어 눌렀습니다.

"당신은 내가 본 사람 중에서 가장 훌륭한 사람이군요. 내 목숨만 살려 주셔요. 당신에게는 아무 필요가 없지 않습니까? 살려만 주시면 나는 당신을 도와 드리겠습니다. 또 어둠 속에서도 빛나는 칼과 죽은 사람을 살릴 수 있는 약 단지와 약 단지를 돕는 마법의 막대를 드리겠어요."

"그것들이 어디 있는데?"라고 쿠드가 물었습니다.

"제 침대 기둥 아래 있는 마룻바닥에 난 구멍 속에 있어요. 누가 도와 주지 않으면 찾지 못할 겁니다."

"너의 집에서 네가 여태까지 한 일은 무엇이든지 나도 할 수 있어."라고 쿠드가 말했습니다.

그러고 나서 그는 침대로 갔습니다. 그가 여태까지 한 일 중에서 침대 기둥을 움직이는 일보다 어려운 일은 없었습니다. 그러나 마침내 그는 빛나는 칼과 약 단지와 마법의 막대를 찾았습니다. 그는 한 손에 칼을 들고, 또 한 손에는 약 단지와 막대를 들고 야만인에게 돌아왔습니다.

"이 노파와 그녀의 가족에게 건 마술을 풀지 않으면 목이 날아갈 줄 알아라. 그녀의 아들과 딸들을 다시 사람이 되게 하고 그녀의 남편을 이 왕국의 왕으로, 그녀

자신은 왕비가 되도록 해. 그리고 너는 물론이고 네 후손들도 이 세상 끝날 때까지 매일 아침 저녁 금사과를 가지고 그들을 찾아가야 한다.”

“그렇게 하겠습니다.”

그 야만인이 대답했습니다.

그가 그 말을 하자마자 늙은 할멈은 전처럼 아름다운 왕비가 되었습니다. 열두 마리의 돼지는 열두 명의 젊은 이가 되고, 목 없는 열세 번째 돼지는 왕이 되었습니다. 그녀가 노란 마녀 열두 명이 있는 방을 열자 그들도 전처럼 예뻐졌습니다.

“내 아들 중에 한 아이가 여기 있는 동안에는 저 야만인을 잘 다뤘었지요.”라고 왕비가 말했습니다.

“그런데 그는 지금 어디 있나요?”라고 쿠드가 물었습니다.

“동쪽으로 가면 길이 70리, 폭 70리 되는 들판이 있는데 그곳은 사람보다 더 큰 못들로 가득 찼지요. 그 커다란 못 가운데 하나만 빼놓고 나머지 모든 못에 왕의 아들이나 용감한 투사들이 묶여 있다오.”

“당신 아들의 이름이 무엇인가요?”

“골드 부트여요.”

“골드 부트를 당신에게 데려다 줄 것을 약속합니다.”

쿠드는 아침 일찍 준비를 하고 떠났습니다. 그는 음식도 거의 가지고 가지 않았습니다.

한낮에 그는 동쪽 세상에 있는 마술 걸린 마을에 다다 랐습니다. 그는 계속 걸어 골드 부트가 있는 곳까지 왔습니다. 그가 그의 몸에 손을 대자 골드 부트는 그를 발로 걷어차 10리 밖에 나가떨어지게 했고 가슴에서 피 세 방울이 나오게 만들었습니다.

"네 어머니가, 네가 살았을 때 힘이 셌고 지금도 그 힘을 지니고 있다고 말하더니 사실이었군."

"우리를 죽었다고 생각하지 마. 우리는 죽지 않았어. 우리는 마술에 걸려 여기서 일어설 수 없는 것뿐이야." 라고 골드 부트가 말했습니다.

"무엇이 네게 마술을 걸었니?"라고 쿠드가 물었습니다.

"어떤 사람이 피리를 들고 나와 그것을 불면, 너는 졸음이 쏟아지면서 저절로 저 못에 묶여질 거다. 내 충고를 듣고 그를 기다리지 말고 어서 도망가."

"세상에 그런 일이! 그렇지만 나는 그런 일이 일어나는 것을 내 눈으로 직접 볼 때까지 결코 움직이지 않을 거야."

오래 기다리지 않아서 피리 부는 사람이 나타났습니다. 첫 피리 소리를 듣자마자 쿠드는 달려가 피리를 잡아챘습니다. 피리 부는 사람이 연주하는 노래가 무엇이든지 간에 쿠드가 일곱 배나 더 잘 불었습니다. 쿠드가 피리를 빼앗아 가자 피리 부는 사람은 울면서 마술사가 있는 성안으로 달려갔습니다.

"무슨 일이냐?" 하고 마술사가 물었습니다.

"어떤 사람이 내 피리를 빼앗아 갔는데 나보다 두 배나 더 피리를 잘 불어요."

"걱정할 것 없다. 이것을 가지고 가라. 이것은 그를 금방 잠재울 수 있는 피리다."

쿠드는 이 피리의 첫 음을 듣자마자 먼젓번 것은 돌에다 던져 버리고 달려가 새 피리를 빼앗았습니다. 피리 부는 사람은 마술사에게 달려갔습니다. 그러자 그 늙은 마술사는 밖으로 나와 무릎을 꿇고 용서를 빌었습니다.

"그 뒤에 서 있는 언덕을 불태울 때까지 용서해 주지 마라."라고 골드 부트가 일러주었습니다.

"저 언덕에 불을 놓을 때까지 용서받을 생각은 하지 마라." 하고 쿠드가 그대로 명령했습니다.

"그것은 제 목을 자르는 것과 같은 일입니다."라고 그 마술사가 사정했습니다.

"내가 명령한 것에 따르지 않으면 목을 자를 수밖에 없지."라고 쿠드가 말했습니다.

머리를 치려 하자 마술사는 그 언덕에 불을 붙였습니다. 언덕이 타기 시작하자 골드 부트를 제외한 모든 사람들은 마술에서 풀려 나 못에서 빠져 나왔습니다. 모두 다 급히 가버리고 아무도 누가 자기들을 풀어 주었는지 묻지 않았습니다. 그 언덕은 가운데 한 점만 빼놓고 온

통 불길에 휩싸였습니다. 골드 부트는 그 속에서 아직도 움직이지 못하고 있었습니다.

"왜 그 마술사더러 언덕 전체에 불을 지르라고 하지 않았니?"라고 골드 부트는 물었습니다.

"도대체 어찌하여 언덕 전체를 불태우지 않는 거냐?"라고 쿠드가 마술사에게 따졌습니다.

"모두 불타지 않았나요?"

"저 가운데 아직 타지 않고 있는 게 안 보이느냐?"

"저곳을 태우는 것은 내 목이 잘리는 것만큼이나 가슴 아픈 일입니다."

"그럼 네 목을 잘라 주지." 하고 쿠드가 말했습니다.

"잠깐만! 곧 불을 지르겠습니다."

마술사가 불을 지핀 순간, 쿠드가 전에 조그만 배에서 잠자고 있는 것을 본 바로 그 소녀가 언덕에서 그를 향해 내려오는 것이 아니겠어요! 그는 골드 부트나 마술에 걸린 늙은 노파와 그의 아들들 일은 모두 까마득히 잊었습니다. 이것을 본 마술사는 가운데 불을 꺼 골드 부트는 그대로 묶인 채로 남겨 두었습니다.

쿠드와 소녀는 서로 부둥켜안고 숨막힐 정도로 입맞춤하며 감격의 눈물을 흘렸습니다. 그리고 단숨에 작은 배로 달려가 쉬지 않고 달려 그의 두 동생과 처제를 배 밑에 묻어 놓았던 곳까지 왔습니다. 쿠드는 시체 세 구를 꺼내 죽은 사람도 살리는 약을 한 방울씩 떨어뜨린 뒤 마술 막대로 한 대씩 쳤습니다. 그러자 그 세 사람은 건강하고 생기 있게 벌떡 일어났습니다. 그들은 모두 배에 타고 우루를 향해 떠났습니다. 이제 돌아갈 날짜가 하루밖에 안 남은 어느 날, 쿠드는 골드 부트를 데려다 주겠다고 한 약속이 갑자기 떠올랐습니다.

"아내를 퍼메일리로 데리고 가라. 나는 골드 부트를 구하러 가야겠다. 왕이 내가 올 때까지 너희들을 대접할 것이다. 만약 아버지의 나라로 너희들끼리 돌아가면 아버지께서 내가 죽은 줄 아실 테니까."라고 쿠드는 동생들에게 말했습니다.

쿠드는 칼을 꺼내 막대를 잘라 이것을 바다에 던졌습니다. 그 막대는 곧 배로 변했고 쿠드는 그것을 타고 마술 걸린 들판 근처의 항구에 도착했습니다. 그는 골드 부트에게로 가서 약 한 방울을 떨어뜨린 뒤 마법의 막대로 한 대 쳤습니다. 골드 부트는 못에서 풀려 나 다시 건강하고 튼튼해졌습니다. 두 사람은 서로 얼싸안은 뒤 배로 돌아갔습니다.

쿠드는 골드 부트를 그의 아버지 성으로 데려다 주었습니다. 그곳에선 성대한 잔치가 베풀어졌습니다. 그러나 그는 오래 머물 수 없어 서둘러 동생과 아내를 만나러 배를 띄웠습니다.

육지로 저어 가는 도중에 쿠드는 바닷가에 있는 한 성을 보았습니다. 그런데 성에 가까이 갈수록 이상한 일이 눈에 띄었습니다. 까마귀 한 마리가 맨 꼭대기에 있는 창문을 드나들면서 매번 하얀 것을 물고 나오는 것이었어요. 쿠드는 내려서 길을 따라 올라가 성의 꼭대기에 다다랐습니다. 거기에는 한 여인이 있었고 온 방에 비둘기가 가득 차 있었습니다. 그 여인은 그 비둘기를 하나씩 하나씩 까마귀에게 던져 주고 있었습니다.

"당신은 왜 그 비둘기들을 까마귀에게 던져 주시나요?" 하고 쿠드가 물었습니다.

"까마귀는 마술에 걸린 제 오빠인데 칠 년에 한 번 이 성으로 날아오지요. 그런데 오빠에게 이 비둘기를 던져 주는 동안에만 그를 볼 수 있어요. 그래서 될 수 있는 한 오래 그를 볼 수 있도록 이렇게 많은 비둘기를 가지고 있는 거여요."

"잠시만 그를 더 붙잡아 놓으시오."라고 쿠드는 말했습니다.

그는 배로 달려가 마술 막대를 갖고 그 여인이 있는 지붕 밑 땅으로 달려갔습니다.

"더 안으로 유인해 끌어들이시오."라고 쿠드가 말했습니다.

쿠드가 그 까마귀를 한 대 치자 그는 전처럼 멋있는 기사가 되었습니다.

"나를 마술에서 풀어 줘 이렇게 다시 사람이 되게 해 줘서 고마워요. 그런데 당신이 해야 할 일이 또 남아 있어요. 당신의 두 동생은 살해되어 퍼메일리의 땅속 이백 미터가 넘는 깊은 데 묻혀 있고, 당신 아내와 처제는 마구간의 더러운 물과 쓰레기 속에 무릎을 꿇고 앉아 하루에 두 모금의 물과 빵 두 쪽으로 연명하고 있어요."라고 그 기사가 가르쳐 주었습니다.

쿠드는 더 이상 얘기를 듣지 않고 곧바로 떠나 퍼메일리에 도착했습니다. 그는 아내와 처제를 마구간에서 구해 낸 뒤 땅을 파서 동생들을 끄집어내 마술 막대로 살려냈습니다. 다섯 사람은 지체 없이 배로 달려가 우루로 떠났습니다. 우루에 가까워지자 쿠드는 모든 돛대에 흰 기를 달았습니다.

"배 한 척이 다가오고 있습니다. 제 생각으론 그 배 안에 쿠드 왕자님이 타고 계신 것 같습니다."라고 정찰병이 임금에게 달려가 알렸습니다.

"쿠드가 내 손을 잡아 줄 때까지는 결코 믿을 수 없는 일이야."라고 임금이 못미더워했습니다.

쿠드가 떠난 뒤 임금과 왕비는 불 가에서 일어나지 않고 언제나 그곳에 앉아서 울기만 했었지요. 배가 육지에서 30리 떨어진 곳에 왔을 때 쿠드는 배 뒤에서 앞으로 달려와 땅으로 펄쩍 뛰어 그리운 성으로 달려가 한 손으로 아버지를 잡고 또 다른 손으로는 어머니를 잡았습니다.

두 아우와 아내와 처제를 옮기려고 여러 척의 연락선

을 그 배로 보냈습니다. 그들이 오자 성에서는 모두들
모여 즐겁게 하룻밤을 지냈습니다.

  다음날 임금은 결혼 예물을 구하러 141척이나 되는 배
를 외국으로 보냈습니다. 배들이 외국에서 짐을 싣고 돌
아오자 임금은 온 나라 사람들을 다 초대했습니다. 언덕
과 골짜기가 새까매지도록 사람들이 몰려들었습니다. 그
들은 아홉 낮과 밤을 아주 즐겁게 보냈답니다.

  * 제레미아 커틴의 "아일랜드의 영웅 이야기"에서 옮김.

아르고 호의 영웅들

아마도 아르고 호의 선원들만큼 용감하고 뛰어난 선원은 역사상 없을 것입니다. 그 배에는 영웅 제이슨뿐만 아니라 올페우스와 헤르쿨레스, 테세우스와 밀리거가 타고 있었거든요.

제이슨은 펠레우스에게 왕위를 빼앗긴 테살리의 정당한 계승자였습니다. 제이슨이 그의 권리를 주장하려 하자 펠레우스는 흑해의 콜키스 왕국의 에에테 왕이 돌보고 있는 황금 양털을 가지고 오면 왕위를 돌려주겠다고 약속했습니다. 그런데 에에테 왕은 언제나 용이 망보는 나무에 그 양을 묶어 놓았던 거여요.

그래서 제이슨은 황금 양털을 찾기 위해 아르고 호에 모두 50명의 용사를 태우고 떠나 여러 가지 모험을 겪은 뒤 콜키스에 도착했습니다. 마술을 할 줄 아는 에에테 왕의 딸 메데아의 도움으로 용을 물리치고 그 양털을 얻었습니다. 이제 메데아를 태운 아르고 호가 에에테 왕의 추격을 받으며 도망치는 데서 이야기는 계속됩니다.

그들은 서둘러 서쪽으로 달아났습니다. 그러나 애에테는 그의 함대를 이끌고 계속 쫓아왔습니다. 천리안을 가진 영웅 린세우스는 에에테 왕이 멀리서이긴 하나 쫓아오고 있는 것을 보고 외쳤습니다.

"흰 백조 떼 같은 배 백 척이 멀리 동쪽에 나타났다."

그 말을 듣고 그들은 영웅답게 열심히 노를 저었지만 뒤따르는 배들은 점점 더 가까워지기만 했습니다.

그러자 메데아가 잔인하고 교활한 음모를 꾸몄습니다. 그녀는 자신의 남동생 압실투스를 죽여 바다에 던지면서 말했습니다.

"아버지가 동생의 시체를 거둬 장사지내는 데에는 시간이 꽤 오래 걸릴 테니까 훨씬 뒤처질 거여요."

이 말을 들은 영웅들은 모두 수치심으로 몸서리를 치며 서로를 바라보았습니다. 그러나 그들은 저 사악한 마녀가 황금 양털을 얻게 해준 장본인이었으므로 그녀를 처벌하진 않았습니다.

에에테 왕은 그곳에 이르러 시체가 떠 있는 것을 보았습니다. 한동안 멈춰 서서 그의 아들의 죽음을 슬퍼한 뒤 시체를 건져 집으로 돌아갔습니다. 그러나 그는 그의 선원들을 서쪽으로 보내면서 무서운 저주로 그들을 묶어 놓았습니다.

"저 사악한 마녀를 데리고 오너라. 그년을 무시무시한 죽음에 빠뜨릴 것이다. 그러나 그년을 데려오지 못하면 너희들이 바로 그렇게 죽게 될 테니 명심하여라.”

그래서 아르고 호는 그동안 도망갈 수 있었습니다. 그러나 제우스(그리스 신화 가운데 가장 높은 신)가 그 더러운 죄를 보았습니다. 그는 하늘에서 폭풍우를 내려보내 그 배가 길을 잃고 휩쓸려 가도록 했습니다. 날마다 물거품과 앞이 안 보이도록 자욱한 안개 속에서 폭풍우가 휘몰아쳤습니다. 태양이 보이지 않았기 때문에 그들은 자신들이 어디 있는지조차도 몰랐습니다.

마침내 배는 진흙과 모래로 된 낮은 섬 사이의 여울목에 부딪쳤습니다. 파도가 넘쳐흘러 들어왔으며 영웅들은 모든 희망을 잃었습니다.

그때 제이슨이 헤라(그리스 신화에 나오는 제우스의 아내)에게 간구했습니다.

“아름다운 여신이시여. 지금까지 우리를 돌보아 주시더니 어찌하여 우리를 이 낯선 바다에서 죽도록 이렇게 버려 두십니까? 우리가 그렇게 어렵게 위험을 무릅쓰고 얻은 명예를 잃고 어찌 고향을 다시는 볼 수 없게 되어야 한단 말입니까?”

그러자 아르고 호의 뱃머리에 있던 마법의 가지가 나타나 알렸습니다.

“제우스 신께서 화가 나셨기 때문에 이 모든 일이 일어난 것이니라. 이 배 위에서 잔인한 범죄가 이루어져 신성한 배가 피로 더럽혀졌기 때문이니라.”

이 말을 들은 몇몇 영웅들은 "메데아가 살인자다. 저 마녀에게 그 죄를 지운 채 죽게 하자!"라고 외쳤습니다. 그들은 어린 소년의 죽음을 보상하기 위해 그녀를 바닷속에 집어 던지려고 메데아를 잡았습니다. 그러나 그때 마법의 가지는 다시 이렇게 말했습니다.

"그녀의 죄가 꽉 찰 때까지 살려 두어라. 늦어지긴 하겠지만 틀림없이 큰 보복이 그녀를 기다리고 있느니라. 아직 너희들에게 그녀의 도움이 필요하니 살려 두어야만 하느니라. 그녀가 서쪽 섬 가운데 살고 있는 그녀의 언니 키르케(마녀)에게로 가는 길을 가르쳐 줄 것이다. 어려움을 겪으며 너희들은 그녀에게로 가야 한다. 그러면 키르케가 너희 죄를 씻어 줄 것이다."

그 신탁을 들은 영웅들은 모두 큰소리로 울었습니다. 그들의 앞에는 이제 고된 여행길과 힘겨운 나날이 놓여 있기 때문이지요. 그래서 어떤 영웅들은 그 사악한 마녀를 꾸짖었지만 또 다른 영웅들은 "아니야, 아직도 우리는 그녀에게 빚을 지고 있어. 그녀가 아니었다면 우리는 이 황금 양털을 얻지 못했을 거야." 하고 말했습니다. 그러나 대부분의 영웅들은 마녀의 저주가 무서워 아무 말 없이 입술을 깨물고 참았습니다.

이제 바다가 좀 잔잔해지고 태양이 다시 빛나기 시작했습니다. 영웅들은 모래톱에서 배를 밀어내 사악한 마녀의 안내로 미지의 바다의 불모지를 향한 지루한 여행길로 나섰습니다.

그들이 어디로 갔는지 또 어떻게 키르케의 섬에 도착했는지에 대해선 여러 사람마다 한마디씩 합니다만, 어쨌든 그들은 항해 중 갖은 고생을 다 겪느라 지칠 대로 지친 몸으로 간신히 키르케의 고향인 아이아이아에 다다랐습니다.

거기서 제이슨은 동료들을 내리게 해서 사람이 사는 흔적을 찾아보게 시켰습니다. 그들이 섬 깊숙히 들어가자 키르케가 배 쪽으로 내려오며 그들을 맞았습니다. 사람들이 그녀를 보았을 때 그녀의 머리칼과 얼굴과 옷이 불꽃처럼 빛났기 때문에 모두 몸서리쳤습니다.

그녀는 메데아를 보았습니다. 메데아는 베일로 얼굴을 가렸습니다.

그러자 키르케가 소리질렀습니다.

"이 못된 년, 너는 네 죄를 잊고 사시사철 꽃피는 내 섬으로 왔단 말이냐? 늙으신 아버지와 네가 죽인 동생은 어디 있느냐? 네가 사랑하는 이 낯선 이들과 안전하게 돌아갈 생각은 추호도 하지도 마라. 음식과 술은 보내 주마. 그러나 저 배는 여기 머물러선 안 된다. 배는 네 죄로 더럽혀졌고 네가 그 선원들을 죄로 물들게 했기 때문이다."

영웅들은 그녀에게 "우리의 죄를 씻어 주시오."라고 외치며 빌었으나 모두 쓸데없는 짓이었습니다. 그녀는

그들을 쫓아내며 말했습니다.

"말레아로 가면 속죄하고 집으로 돌아갈 수 있을 것이다."

때마침 미풍이 불어 동쪽으로 동쪽으로 나아가다 아직 밝은 빛이 남아 있는 여름 저녁 꽃으로 덮인 섬에 닿았습니다. 그들이 그곳에 다가가자 느리고 달콤한 노랫소리가 나지막하게 들려 오는 것이었어요. 이 소리를 들은 메데아는 깜짝 놀라며 주의를 줬습니다.

"조심해요, 영웅 여러분. 이곳은 사이렌(바다의 요정으로 아름다운 노래로 뱃사공들을 홀려 죽였다 함)의 바위여요. 다른 길이 없으니 그 바위 옆을 바짝 지나가야 하겠지만 저 노래를 듣는 사람은 모두 길을 잃게 되어요."

그때 모든 시인의 왕인 올페우스가 나섰습니다.

"그들의 노래로 나를 대적해 보라고 하지. 나는 돌과 나무와 용까지도 매혹시켰는데 사람의 마음이야 더 말할 나위 있겠는가!"

그러면서 그는 칠현금을 들고 서서 그의 기막힌 노래를 시작했습니다.

이제 그들은 그 꽃으로 덮인 섬 안에 있는 사이렌을 볼 수 있었습니다. 아름다운 세 처녀는 기울어가는 햇빛 속에서 붉은 바위 아래 진홍빛 양귀비와 황금빛 아스포델 꽃밭 위에 앉아 있었습니다. 그녀들은 황금의 물결 위로 미끄러지는 부드럽고 맑은 은구슬 같은 목소리로 천천히 나지막하게 노래불렀습니다. 그 노래는 올페우스의 노래에도 불구하고 모든 영웅의 가슴속으로 깊숙히 파고들어 영웅들은 나른한 잠속에 빠졌습니다. 그들은 더 이상 그 자리에서 꼼짝도 않고 영웅다움을 다 잊은 채 사이렌의 노래 듣기만을 원했습니다. 그러자 당황한 올페우스가 그의 하프를 들고는 재간 많은 손으로 줄을 퉁겼습니다. 그의 음악과 노랫소리는 조용한 저녁 하늘에 트럼펫처럼 높아져 바위와 바다가 울릴 정도로 천둥처럼 공중으로 힘차게 올라갔습니다. 그 소리는 술처럼 그들 영혼 속으로 파고들어 그들의 가슴속에서 심장은 빨리 뛰기 시작했습니다.

그는 그들이 신의 도움을 받아 용감하게 여행한 이야기 전체를 웅장하게 노래한 것입니다.

그렇게 올페우스는 그의 소리가 사이렌의 소리를 눌러 영웅들이 다시 노를 잡을 때까지 황금빛 바다를 사이에 두고 사이렌과 번갈아 노래했지요.

그러자 영웅들은 "우리는 끝까지 참고 견딜 것이다. 용감한 올페우스여, 저 사이렌과 그들의 마술을 잊을 수 있도록 노래를 다시 불러 주게."라고 외쳤습니다.

올페우스가 노래하자 그들은 힘차게 노를 저으며 그의 음악에 박자를 맞춰 재빨리 도망했습니다.

그후 계속 배를 저어 간 그들 앞에 길고 높은 섬이 나타났습니다. 그 섬 너머에 산이 하나 보였습니다. 그들은 머물 곳을 찾아 열심히 노 저어 들어갔습니다. 그러나 잠시 후 놀라 멈췄습니다. 거기에는 커다란 도시와 사원과 성벽과 정원 그리고 절벽 위에 높이 솟은 성이 서 있었기 때문입니다. 양쪽 편에 입구는 좁지만 안쪽이 넓은 항구가 눈에 들어왔습니다. 그리고 바닷가에 서 있는 셀 수도 없이 많은 배들도 보았습니다.

그때 현명한 키잡이 안카이오스가 말했습니다.

"이것은 또 무슨 일인가? 나는 모든 섬과 항구는 물론 바다의 모든 굽이를 알고 있다. 이 섬은 들염소 떼가 사는 코르시라일 것이다. 그렇다면 이 새로운 항구와 잘 닦은 돌로 만들어진 광대한 건축물들은 도대체 어디서 난 것인가?"

그러나 제이슨은 "야만인은 아닐 거야. 들어가서 운명에 맡겨 보자."라고 말했습니다.

그래서 그들은 아르고 호보다 훨씬 크고 뱃머리가 까만 수천 척의 배 사이를 지나 윤기나는 돌로 된 선창을 향해 배를 저었습니다. 그들은 빛나는 청동 지붕과 높은 대리석 성벽으로 둘러쳐진 거대한 도시에 놀랐습니다. 선창은 배 사이로 물건을 가지고 왔다갔다하는 상인들과 뱃사람, 노예 들로 들끓었습니다. 영웅들은 자신들이 초라하게 느껴져 서로를 쳐다보며 말했습니다.

"우리가 이올코스를 떠날 때는 용맹스런 선원들 같았는데, 이 도시에 와보니 꿀벌통 앞의 개미처럼 초라하게 보이는구나.”

　그때 뱃사람들이 선창에서 그들을 보고 거칠게 인사했습니다.

　“당신들은 누구요? 우리는 이방인이나 해적이 들어오는 걸 원치 않소. 우리는 조용히 우리끼리 살고자 하오.”

　제이슨은 아첨을 섞어 가며 그들의 도시와 항구와 함대를 칭송하며 점잖게 대답했습니다.

　“당신들은 틀림없이 포세이돈(그리스 신화에 나오는 바다의 신)의 후예이며 바다의 주인이겠군요. 우리는 목마르고 지친 불쌍한 방랑 선원일 뿐입니다. 우리에게 물과 음식을 좀 나눠 주시면 조용히 우리 갈 길을 가겠습니다.”

　그러자 뱃사람들이 웃으며 대답했습니다.

　“이봐, 자넨 바보는 아니군. 자네가 정직한 사람처럼 말하니 우리도 정직하게 말하지. 우리는 포세이돈의 후예이고 바다의 왕자이지. 어쨌든 뭍으로 올라오게. 그러면 좋은 걸 대접할 테니.”

　그래서 그들은 텁수룩한 수염에 햇볕에 탄 얼굴에다 비바람에 찢기고 바랜 옷을 입고, 물보라로 녹슨 무기를 든 채 지쳐서 뻣뻣해진 다리를 절며 뭍으로 올랐습니다. 뱃사람들은 그들의 모습을 보고 모두 조롱했습니다. 뱃사람 하나가 말했습니다.

 "이 친구들은 영 형편없는 뱃사람들이로군. 온종일 뱃멀미에 시달린 사람들 같구먼."

 또 다른 사람은 "이 사람들의 다리는 배를 너무 많이 저어서 그런지 완전히 휘어 버려 마치 오리처럼 뒤뚱거리는구먼." 하고 비웃었습니다.

 그 말을 들은 성미 급한 아이다스가 그들을 치려고 했습니다. 그러나 제이슨이 그를 말렸습니다. 그러자 당당하고 키가 큰 상인의 우두머리 가운데 한 사람이 그들 앞에 나섰습니다.

 "화내지 마시오, 낯선 분들. 저 뱃사람들이 농담을 했을 겁니다. 우리는 당신들을 친절하게 대접할 겁니다. 낯선 이들과 불쌍한 사람들은 신이 보내신 분들이니까요. 당신들의 힘과 몸집과 무기를 보니 예삿사람들이 아닌 것 같군요. 저와 함께 항해를 업으로 삼는 부자 왕 알시노스의 궁전으로 갑시다. 우리가 당신들을 따뜻하게 대접해 드리겠소. 그러고 나서 당신들이 누구인지 이야기하시구려."

 그때 메데아는 뒤에 매달려 떨면서 제이슨의 귀에 속삭였습니다.

 "우리는 파멸의 길로 가고 있어요. 군중 속에서 우리 나라 사람을 봤어요. 그들은 아버지의 나라에서처럼 철갑옷을 입은 검은 눈의 콜키스인들이어요."

 "돌아가기엔 너무 늦었소." 하고 제이슨이 대답했습니

다. 그리고 그는 우두머리 상인에게 말했습니다.

 "여기는 어떤 나라입니까? 그리고 이 새로 지은 도시
는 뭐라고 부릅니까?"

 "이곳은 모든 신들의 사랑을 받는 패아스 사람들의 나
라입니다. 그들도 잔치에 참석하러 이리로 올 거여요.
우리와 같이 즐길 겁니다. 그리고 우리는 불의한 사이클
로프 사람들을 피해 라이버니아에서 이리로 왔지요. 평
화를 사랑하는 상인인 우리들은 물건과 재산을 빼앗겼어
요. 그래서 포세이돈의 아들인 나우시토우스가 우리를
이리로 데려왔답니다. 그가 죽은 뒤 지금은 그의 아들
알시노스가 우리를 다스리시는데, 왕비 아레테는 왕비
가운데 가장 현명한 분이죠."

 광장으로 올라가면서 그들은 더욱 감탄했습니다. 선창
을 따라 커다란 밧줄과 활대와 돛대가 바다의 왕 포세이
돈의 아름다운 사원 앞에 질서 있게 놓여 있었습니다.
광장 주위에는 개미처럼 많은 배 만드는 일꾼들이 밧줄
을 꼬고 나무를 자르며 긴 활대와 노를 다듬는 일을 하
고 있었습니다. 미뉴에이의 영웅들은 조용히 깨끗하고
하얀 대리석 길을 지나 알시노스의 궁전에 이르렀습니
다. 거기서 그들은 훨씬 더 놀랐습니다. 문턱에서 방 끝
까지 청동판으로 된 벽을 가진 높다란 궁전은 햇빛을 받
아 번쩍였습니다. 문은 은과 금으로 만들어져 있었습니
다. 문 양 옆에는 헤파이스토스가 그의 대장간에서 만들

어 알시노스에게 주어 문을 지키게 한 늙지도 죽지도 않는 금으로 된 개가 앉아 있었습니다. 그리고 홀 안 양편에는 빛나는 솔로 덮인 왕좌가 있었습니다. 그 왕좌 위에 저 솜씨 좋은 패아스 사람들의 우두머리들이 앉아 자랑스럽게 먹고 마시며 일 년 내내 잔치를 벌였습니다. 그리고 금으로 빚어진 소년들이 제단 양 옆에서 횃불을 들고 손님들을 비춰 주었습니다. 그 집 주위에는 하녀 50명이 앉아 몇 명은 맷돌로 음식을 갈고, 몇 명은 물레를 돌리며, 또 몇 명은 베틀에서 베를 짜고 있었습니다. 그들의 손이 북을 지날 때는 꼭 떨리는 아스펜 잎사귀처럼 반짝였습니다.

궁전 밖에는 커다란 정원이 둘러 있었습니다. 그 정원에는 커다란 과일나무와 회색 올리브와 맛있는 무화과, 석류, 배와 사과가 일 년 내내 가득 차 있었습니다.

그들이 안으로 들어가자 알시노스가 포세이돈처럼 금으로 된 홀을 들고 금으로 짠 옷을 입고 손에는 조각된 술잔을 들고 왕좌에 앉아 있었습니다. 그의 옆에는 현명하고 사랑스러운 왕비 아레테가 기둥에 기대 서서 금실을 짜고 있었습니다.

알시노스는 일어나 그들을 환영하며 앉아서 음식을 들라고 권했습니다. 하인들이 식탁을 차리고 빵과 고기와 술을 가져왔습니다.

그때 메데아는 아름다운 왕비 아레테에게로 떨며 나아

가 그녀의 발 아래 엎드려 발을 끌어안으며 호소하였습니다.

"아름다운 왕비님, 저는 당신의 손님인데 제우스의 이름으로 당신께 탄원합니다. 제가 아버지에게로 보내져 무서운 죽음을 맞지 않도록 해주셔요. 제가 죄를 진 채 그냥 가도록 해주셔요. 이제까지 충분한 벌과 모욕을 받지 않았습니까?"

"처녀, 당신은 누구시오? 당신의 기도는 도대체 무엇을 뜻하는 겁니까?"

"저는 에에테 왕의 딸인 메데아인데 오늘 여기서 내 나라 사람을 보았답니다. 그들은 저를 찾으러 왔으며 저를 고향으로 데려가 무서운 죽음에 처하려 하는 것을 잘 알지요."

그러자 아레테는 얼굴을 찡그리며 말했습니다.

"얘들아, 이 처녀를 안으로 들게 해라. 그리고 왕께서 그 일을 결정하시도록 하자."

그러자 알시노스는 왕좌에서 일어나 외쳤습니다.

"길손들, 당신들은 누구고 저 처녀는 누구인지 말을 하시오."

"우리는 미뉴에이의 영웅들이고 이 처녀가 말한 것은 모두 사실입니다. 우리는 온 세상에 그 명성이 자자한 황금 양털을 가지고 온 사람들입니다. 우리는 사람으로서 겪을 수 있는 갖은 슬픔을 다 겪고 이곳까지 왔습니다. 처음엔 여럿이 출발했지만 많은 훌륭한 동료를 잃고 이렇게 적은 수만 남았습니다. 그러니 이제 당신이 당신 손님을 보내듯이 조용히 떠나게 해주십시오. 그러면 세상 사람들은 '알시노스는 정의로운 왕이다.'라고 칭송할 것입니다."라고 제이슨이 대답했습니다.

"그러한 일만 없었더라면 나는 오늘 '명성 높은 아르고 호 선원들이 나의 손님이라는 것을 알시노스와 그 자손의 영광'이라고 말했을 텐데. 그러나 콜키스인들도 당신들처럼 나의 손님이오. 그들은 온 함대를 이끌고 이곳에서 한 달 동안이나 기다리고 있었소. 헬라스의 온 바다를 뒤졌으나 당신들을 찾지 못해 더 가지도 못하고 고향으로 돌아가지도 못하는 것이라오."

"그들에게 그들의 대표를 뽑게 하시오. 그러면 우리는 남자 대 남자로 그들과 결투하겠소."

"우리의 손님들은 누구도 우리 섬에선 싸우지 못합니다. 그리고 만약 섬 밖으로 나가면 그들의 숫자가 훨씬 많을 겁니다. 내가 당신들 사이에서 공평하게 처리해 주겠소. 무엇이 올바른 것인지 내가 아니까."

그리고 그는 그의 신하들을 보고 말했습니다.

"이 일은 내일로 연기합시다. 오늘 밤은 우리 손님들을 위해 잔치를 베풀고 그들의 방랑 이야기와 어떻게 여기까지 오게 되었는지나 들어 봅시다."

알시노스는 하인들에게 영웅들을 안으로 맞아들여 목

욕을 시키고 새 옷을 주라고 명령했습니다. 그들은 따뜻한 물을 보자 너무 기뻤습니다. 정말로 오랫동안 목욕을 못했거든요. 그들은 온몸에서 소금기를 씻어 내고 머리에서 발끝까지 기름을 바른 뒤 금발 머리를 빗었습니다. 그들이 다시 홀로 나오자 우두머리 장사꾼들은 모두 일어나 그들에게 경의를 표했습니다. 그리고 모두 자기 옆 사람에게 말했습니다.

"이 사람들이 그 유명한 사람들이라는 것은 하나도 놀라운 일이 아니다. 오랫동안 추위와 무서운 폭풍우가 그들을 지치게 했지만 그들은 얼마나 당당하게 올림포스에서 내려온 거인이나 타이탄이나 불멸의 신처럼 서 있는가! 그들이 오래 전 꽃다운 나이에 이올코스를 떠났을 땐 도대체 얼마나 당당했을까?"

그리고 그들은 정원으로 나갔습니다. 우두머리 상인들이 말했습니다.

"영웅들이여, 우리와 경주합시다. 누구 발이 가장 빠른지 봅시다."

"우리는 당신들과 경주할 수 없습니다. 우리 다리는 오랜 바다 생활로 뻣뻣해졌고 북풍의 아들인 가장 빠른 친구도 잃었습니다. 그렇지만 우리를 겁쟁이라곤 생각하지 마셔요. 우리의 힘을 보시고 싶으시면 이 세상의 누구하고도 활쏘기, 권투, 레슬링을 해보여 드리겠습니다."

그러자 알시노스가 웃으며 말했습니다.

"용맹한 손님들, 나는 당신들을 믿습니다. 우리가 긴 다리와 넓은 어깨를 지닌 당신들과 여기서 겨룰 수는 없을 겁니다. 우리는 여기서 권투나 활쏘기 할 생각은 없습니다. 그저 육지에서 다리를 펴기 위해 잔치를 하고 노래와 하프와 춤과 달리기로 즐기자는 것뿐입니다."

그래서 그들은 밤늦도록 유쾌한 우두머리 상인들과 춤추고 경주하며 놀다가 안으로 들어갔습니다.

그러고 나서 그들은 먹고 마시며 지친 영혼을 위로했습니다. 알시노스는 심부름꾼을 불러 하프 켜는 사람을 부르게 했습니다.

심부름꾼은 밖으로 나가 하프 켜는 이를 데려왔습니다. 알시노스는 가장 살찐 고깃덩이에서 한 점을 잘라 그에게 건네 주며 말했습니다.

"여보게 우리를 위해 노래를 불러 저 영웅들의 마음을 즐겁게 해주게."

그러자 그 사람은 연주와 노래를 하고 무용수들은 이상한 몸짓의 춤을 추었습니다. 그후에 곡예사들이 마술을 보여 주었습니다.

그때 알시노스가 물었습니다.

"영웅 여러분, 당신들은 큰 바다를 다니며 세계 곳곳의 풍습을 보았을 터이니, 우리 무용수들의 춤과 우리 악사들의 노래만큼 훌륭한 것을 본 적이 있는지 말해 보

시오. 우리는 그들이 이 세상에서 가장 훌륭하다고 생각하는데요."

"그렇게 훌륭한 춤은 정말 처음 봅니다."라고 올페우스가 대답했습니다.

"그리고 저 가수는 피부스(태양신 아폴로)가 직접 가르쳤거나 아니면 뮤즈(시와 음악의 신)의 아들임이 분명하오. 나도 저 가수만큼 잘하지는 못하지만 한두 번 노래를 해봤지요."

"그러면 우리에게 노래를 들려주시오, 귀한 손님. 값진 선물을 그 대가로 드리겠소."

올페우스는 그의 기막힌 하프를 들고 이올코스에서 시작한 그들의 여행과 그들이 겪은 위험과 어떻게 황금 양털을 얻었는가를 감동적인 노래로 불렀습니다. 그리고 메데아의 사랑과 그녀가 어떻게 그들을 도왔고, 그들과 함께 바다와 육지를 건너왔으며, 괴물과 바위와 폭풍우 같은 무시무시한 곤경을 견뎠는가를 노래해 아레테의 마음을 녹이고 모든 여자들이 눈물을 흘리게 만들었습니다. 그러자 우두머리 상인들은 모두 자리에서 일어나 손뼉을 치며 외쳤습니다.

"미지의 바다를 헤쳐 온 아르고 호를 축하하자."

올페우스는 그들이 보았던 모든 놀라운 것에 대해 밤이 지나고 새벽이 올 때까지 계속 노래불렀습니다. 모든 사람들은 턱에 손을 괴고 조용히 앉아 들었습니다.

마침내 올페우스가 노래를 끝내자 모두들 생각에 잠겨 떠났고, 영웅들은 달콤하고 조용한 여름밤 밖의 현관 아래 아레테가 융단과 카펫을 깔아 준 곳에 누워서 잠을 청했습니다.

마음이 누그러진 아레테는 열심히 메데아를 위해 남편에게 호소했습니다.

"우리가 아니더라도 신께서 그녀를 벌할 거여요. 결국 그녀는 우리의 손님이고 우리에게 죄를 빌었잖아요. 그리고 기도하는 사람은 모두 제우스 신의 딸입니다. 게다가 누가 감히 모든 것을 함께 견딘 남편과 아내를 갈라 놓을 수 있단 말이어요?"

알시노스는 미소를 지으며 대답했습니다.

"그 시인의 노래가 당신을 홀렸구려. 그렇지만 나는 무엇이 옳은 것인지 기억해야 하오. 노래가 정의를 뒤엎을 수는 없거든. 나는 내 이름을 지켜야 하오. 알시노스란 내 이름은 건전한 생각을 가졌다는 뜻이므로 나는 계속 알시노스일 거요."

그러나 아레테는 그를 설복할 수 있을 때까지 계속 애원했습니다.

다음날 아침, 아레테는 심부름꾼을 보내 우두머리들을 광장에 불러모은 뒤 말했습니다.

"이것은 참 곤란한 문제입니다. 그렇지만 한 가지 사실을 명심하십시오. 미뉴에이 사람들은 우리 근처에 살아 종종 바다에서 만날 수도 있지만 에에테 사람들은 멀리 떨어져 있어 그저 이름만 들었을 뿐이오. 그러면 우리 근처에 있는 사람과 멀리 떨어진 사람 중 누구를 방어하는 게 더 안전하겠소?"

우두머리들은 웃으며 그의 지혜를 칭송했습니다. 그래서 알시노스는 영웅들과 콜키스인들을 광장으로 불렀습니다. 그들은 서로 마주보고 섰으며 메데아는 궁전에 머물렀습니다. 알시노스가 말했습니다.

"콜키스의 영웅 여러분, 이 여인에게 무슨 볼일이 있습니까?"

"그녀를 고향에 데리고 가서 비참한 죽음을 맞게 해야 합니다. 그러나 데려가지 못하면 우리가 그녀처럼 죽게 될 것입니다."

"제이슨, 이에 대해 무슨 할말이 있습니까?"라고 알시노스가 미뉴에이 쪽을 보며 물었습니다.

현명한 제이슨은 "그들은 쓸데없는 일로 여기 왔군요. 콜키스의 영웅 여러분, 당신들이 그녀를 당할 수 있다고 생각하십니까? 그녀는 각종 마술을 할 줄 안답니다. 수천 가지의 지략을 갖고 있으니까 어떤 방식으로든 도망갈 겁니다. 그런데 당신들은 도대체 왜 먼 바다와 폭풍을 뚫고 두 배나 힘들여 고향으로 돌아가려 합니까? 이 바닷가에는 당신들처럼 용맹한 사람들을 기다리는 아름다운 곳이 많이 있지 않습니까. 거기에 정착해 새 도시

를 세우고 에에테와 콜키스는 각자 스스로 살아가는 것
이 더 나을 것입니다."라고 말했습니다.

그러자 콜키스인들 가운데 웅성거리는 소리가 일어났
고 몇 사람은 이렇게 외쳤습니다.

"그의 말이 맞소. 우리는 충분히 바다를 떠돌았으니
더 이상 바다로 나가지 맙시다!"

마침내 콜키스인들의 우두머리가 말했습니다.

"그녀는 우리와 그의 아버지에게 골칫거리였는데 이젠
당신들의 골칫거리가 될 거요. 당신들도 더 현명한 사람
은 못 되니 그녀를 데리고 가시오. 우리는 북쪽으로 떠
나겠소."

알시노스는 그들에게 음식과 물과 옷 및 각종 선물을
주었습니다. 그리고 미뉴에이인들에게도 같은 선물을 준
뒤 평화롭게 떠나게 했습니다.

제이슨은 그에게 재앙과 수치를 가져다 준 사악한 마
녀를 데리고 갔습니다. 그리고 콜키스인들은 북쪽의 아
드리아 해 깊숙히 들어간 육지에 정착해서 새로운 마을
을 세웠답니다.

미뉴에이의 영웅들은 여러 가지 위험을 더 겪은 뒤,
마침내 펠로폰네스 동남쪽에 있는 말레이 만에 닿았습니
다. 거기서 그들이 제물을 바치자 올페우스가 그들의 죄
를 씻어 주었습니다. 그들은 다시 지치고 피곤한 몸을
이끌고 북쪽으로 배를 저어 라코니아 해와 길다란 유보

이아 만을 지나 이올코스 해변으로 향했습니다.

마침내 고향에 도착했으나 해변에 배를 비끄러맬 힘조차 없었습니다. 그들은 간신히 자갈밭으로 기어나와 털버덕 주저앉아 눈물이 마를 때까지 울었습니다. 집도 나무도 변해 있었습니다. 그리고 사람들의 얼굴도 모두 낯설었습니다. 고향에 닿았다는 그들의 기쁨은, 그들의 지나간 청춘과 그동안의 갖가지 어려움과 잃어버린 용감한 친구들을 생각하는 동안 샘솟는 슬픔으로 뒤바뀌었습니다. 사람들이 몰려들어 그들에게 물었습니다.

"당신들은 도대체 누구시길래 여기서 이렇게 울고 계십니까?"

"우리는 여러 해 전에 항해를 떠났던 당신들 우두머리의 자손들이라오. 우리는 황금 양털을 찾으러 떠났다가 이제 슬픔에 젖어 그것을 갖고 돌아왔소. 우리들 부모 가운데 아직 살아 계신 분이 있으면 그 소식을 좀 알려 주시오."

그 소리를 들은 사람들은 기뻐 소리지르며, 웃고 또 울었습니다. 그리고 모든 우두머리들이 바닷가로 나와 영웅들을 각자 집으로 안내해 그들의 용감한 행동을 칭찬해 주었습니다.

제이슨은 메데아를 데리고 숙부의 왕궁으로 향했습니다. 그가 그 궁궐에 도착했을 때 펠레우스는 너무도 늙어 움직이지도 못하면서 눈이 먼 채 난롯가에 앉아 있었고, 그 앞에는 마찬가지로 움직이지 못하고 눈이 먼 그의 아버지 이슨이 앉아 있었습니다. 두 노인은 불 앞에서 몸을 녹이며 머리를 끄덕이고 있었습니다.

제이슨은 그의 아버지 발 아래 엎드려 울면서 아버지를 불렀습니다. 노인은 손을 뻗어 그를 어루만지면서 말했습니다.

"나를 놀리지 말게, 젊은 친구. 내 아들 제이슨은 이미 오래 전에 바다에서 죽었다네."

"제가 바로 당신이 펠리온에서 센토르에게 맡겼던 당신의 아들 제이슨입니다. 저는 황금 양털과 태양족의 공주를 신부로 데려왔습니다. 그러니 이제 펠레우스 아저씨, 내게 왕국을 넘겨 주어 내가 약속을 지킨 것처럼 당신의 약속을 지키십시오."

그러자 그의 아버지는 어린아이처럼 그에게 매달려 울며 그를 보내려 하지 않았습니다.

"이젠 나 혼자 외롭게 무덤으로 가지 않겠다. 내가 죽을 때까지 내 곁을 떠나지 않겠다고 약속해 다오." 하고 제이슨에게 울부짖으며 말했습니다.

* 찰스 킹슬리의 "영웅들"에서 옮김.

선원과 진주 상인

　　이 이야기는 바스라라는 도시에 살았던 아불 파와리스라는 사람에 관한 것입니다. 파와리스는 그 도시 선원들 가운데 으뜸이었는데 그가 발 디디지 않았던 항구는 하나도 없을 정도였습니다. 어느 날 그가 동료 선원들과 함께 바닷가에 앉아 있을 때 한 노인이 배를 타고 와 아불 파와리스가 앉아 있는 곳에 내려서 말을 걸었습니다.

　　"여보게 친구, 자네 배를 여섯 달 동안만 빌려 주면 무엇이든지 자네가 원하는 것을 다 주겠네."

　　"금화 천 디나르를 주세요."라고 선원이 말하자 노인은 곧 그만큼의 금화를 주었습니다. 떠나기 전에 노인은 다음날 다시 오겠다고 하면서 도로 무르면 안 된다고 주의를 주었습니다.

　　선원은 금을 갖고 집으로 가서 배를 준비한 다음 아내와 아들들에게 작별을 고하고 바닷가로 갔습니다. 그 바닷가에는 노인이 노예 한 명과 함께 당나귀 스무 마리가 날랐음직한 빈 자루를 가지고 그를 기다리고 있었습니다. 아불 파와리스는 그에게 인사하고 함께 짐을 싣고 돛을 올렸습니다.

별 하나를 안내자로 삼고 석 달 동안 항해해 가니 한쪽으로 섬 하나가 나타났습니다. 노인은 그 섬을 향해 배를 돌렸고 그들은 곧 그곳에 내렸습니다. 노예에게 자루를 지게 한 노인은 선원과 함께 멀리 보이는 산을 향해 떠났습니다. 몇 시간을 걸어가 그곳에 당도해서 산꼭대기로 기어오르니까 이백 개도 넘는 구멍이 팬 넓은 평지가 있었습니다. 그때 그 노인은 자기는 상인이며 바로 그곳에서 보석 광산을 발견했었다고 선원에게 설명했습니다.

"내가 자네를 믿고 말하는 것이니 당신도 신의를 지켜 주기 바라네. 자네가 이 구멍으로 들어가 이 자루에 진주를 가득 담아 보내 주면 내가 그 반을 자네에게 주겠네. 그러면 앞으로 평생 호사스럽게 살 수 있을걸세."

선원이 어떻게 진주가 이 구멍 속에 자리잡았는가를 물어 보자, 노인은 이 구멍들과 바다를 연결시켜 주는 길이 있다고 대답했습니다. 그 길을 따라 진주조개들이 헤엄쳐 와서 이 구멍에 정착하는데 그는 우연히 그 사실을 알아냈다고 말했습니다. 그는 도움이 필요해서 선원을 이곳에 데리고 왔다고 말하고 누구에게도 그 사실을 말하지 말라고 당부했습니다.

그 말을 듣고 선원은 아주 애를 써서 그 굴속으로 내려갔는데 그곳에는 정말로 많은 진주조개가 있었습니다. 노인이 자루를 내려보내면 그는 계속 조개들을 그 자루에 가득 채워 올려 보냈습니다. 상인이 이 조개들은 진주가 들어 있지 않은 것이니 더 이상 필요 없다고 소리칠 때까지 그 일은 계속되었습니다. 그래서 아불 파와리스는 그 구멍을 떠나 다른 굴로 내려갔는데 그곳에도 많은 진주조개가 있었습니다.

저녁 무렵 그는 완전히 지쳐서 노인에게 그 구멍 밖으로 끌어내 달라고 외쳤습니다. 그랬더니 상인은 아래를 내려다보면서 이렇게 소리쳤어요.

"자네가 진주에 탐이 나서 나를 죽일지 모르니 아예 굴속에 그냥 남겨 둬야겠네."

선원은 눈곱만큼도 그럴 생각이 없다고 진심으로 애원했지만 노인은 그의 간절한 애원을 들은 척도 않고 배로 돌아가 떠나 버렸습니다.

아불 파와리스는 아무것도 먹지도 마시지도 못한 채 삼 일 동안이나 그곳에 있었기 때문에 몹시 배가 고팠습니다. 그 굴에서 빠져 나갈 길을 찾다가 우연히 많은 사람들의 뼈를 발견하곤 그 악랄한 늙은이가 같은 방법으로 다른 사람들도 배신한 게 한두 번이 아님을 깨달았습니다.

절망에 빠져 이곳저곳을 파다가 마침내 조그만 출구를

찾아 손으로 그것을 넓혔습니다. 곧 그 구멍은 그가 충분히 기어나올 만큼 커졌습니다. 잠시 후 그는 어둠 속에서나마 자기가 진흙 위에 서 있는 것을 알았습니다.

이 길을 따라 조심스럽게 걷노라니 갑자기 찝찔한 맛이 나는 물 속에 그의 목이 잠기는 것을 느꼈습니다. 이제 그는 자기가 바다로 난 길에 와 있는 것을 알았습니다. 그 길을 따라 헤엄쳐 가니 희미한 빛이 그 앞에 나타났습니다.

그 불빛에 가슴이 설레어 열심히 헤엄쳐 그 길 입구에까지 왔습니다. 그 입구를 벗어나 보니 자기가 바다를 향하고 있지 않겠어요. 그는 얼굴을 숙이고 여기까지 오게 된 것에 감사했습니다. 그리고 몸을 일으키니 조금 멀리에 그가 산으로 떠날 때 벗어 놓았던 옷가지가 눈에 띄었습니다. 그러나 거기에는 노인은 흔적도 없었고 배도 사라져 버렸습니다.

그는 걱정과 낙심에 잠겨서 어찌해야 좋을지를 생각하며 물가에 주저앉았습니다. 바다를 한참 바라보고 있는데 배 한 척이 오는 것이 보였습니다. 그 배는 사람들로 가득 차 있었습니다. 그것을 보고 선원은 자리에서 벌떡 일어났습니다. 머리에서 모자를 낚아채 온 힘을 다해 공중에 흔들면서 목청껏 외쳤습니다.

그러나 그들이 가까이 왔을 때 선원은 그를 구조해 준 사람들에게 그가 여기 있는 이유를 말하지 않기로 결심했습니다. 그래서 그들이 내려서 어떻게 이 섬에 오게 되었느냐고 물었을 때, 그는 배가 침몰되어 널빤지를 붙잡고 이 바닷가까지 쓸려 왔다고 말했습니다.

그들은 그의 행운을 축하하며 어디서 왔느냐는 그의 질문에 아비시니아에서 왔으며 힌두스탄으로 가는 길이라고 대답했습니다. 이 말을 들은 아불 파와리스는 머뭇거리면서 자기는 힌두스탄에는 아무런 볼일도 없다고 말했습니다. 그렇지만 그들은 바스라로 가는 배를 만나면 그 배에 그를 넘겨 주겠다고 하면서 안심시켰습니다. 그래서 그는 그들과 함께 가기로 결정했습니다.

40일 동안 그들은 사람이 사는 곳이라곤 한 군데도 보지 못하고 항해했습니다. 마침내 파와리스는 그들에게 길을 잘못 든 것이 아니냐고 물었습니다. 그들은 5일 동안이나 어디로 가고 있는지 어느 방향으로 가야 할지 모르면서 가고 있다고 털어놓았습니다.

그후 곧 겉보기에 뾰족탑 같은 것이 바다에서 솟아올랐는데 마치 중국 거울이 번쩍거리는 것 같았습니다. 그들은 또한 배가 노를 젓지도 않고 바람이 심하게 부는 것도 아닌데 굉장한 속력으로 달려가고 있는 것을 알았습니다. 매우 놀란 선원들은 아불 파와리스에게 달려와 배가 그토록 빠르게 움직이는 것은 무슨 까닭이냐고 물었습니다. 그는 눈을 들어 멀리 바다에서 불쑥 솟아오른 산을 보고 크게 신음했습니다. 너무나 놀라 두 손으로 눈을 가리며 외쳤습니다.

"우리는 이제 모두 죽게 되었소! 내 아버지는 바다에서 길을 잃으면 동쪽으로 방향을 잡아야 한다고 여러 번 말씀하셨소. 서쪽 방향으로 가면 '사자 아가리'에 떨어져 버리기 때문이라고 했소. 내가 사자 아가리가 무엇이냐고 물으니까 전능하신 신께서 큰 바다 한가운데 산기슭에 커다란 구멍을 만들어 놓으셨다고 하셨소. 그게 바로 사자 아가리요. 그 구멍은 오천 킬로미터 밖에 있는 배도 끌어당기며 그 산과 맞닥뜨린 배는 하나도 다시 솟아오르지 못했다고 했소. 내 생각에는 이곳이 바로 그 사자 아가리고 우리는 거기에 사로잡힌 것 같소."

너무나 놀라서 선원들은 자기들 배가 산을 향해 바람이 부는 것처럼 달려가는 것을 지켜 보았습니다. 곧 그 배는 조수 주위를 맴돌고 있는 소용돌이 속으로 끌려 들어갔습니다. 거기에는 이전에 부서진 배 조각들이 떠 있는 것이었어요. 배에 탄 선원들과 상인들은 아불 파와리스에게 몰려와 어떻게 해야 좋을지 가르쳐 달라고 애걸했습니다. 그는 배에 있는 모든 밧줄을 준비하라고 소리질렀습니다. 그러고 나서 그는 그 소용돌이 밖으로 헤엄쳐 산기슭의 바닷가에 닿아 밧줄을 튼튼한 나무에 붙들어매려고 했습니다. 그때 배에 탄 사람들이 그에게 밧줄을 던지면 그들을 그 밧줄로 구할 예정이었습니다. 운이 좋게도 바닷물이 파와리스를 바닷가로 밀어내 주어 그는 배의 밧줄을 튼튼한 나무에 단단히 잡아맬 수 있었습니다.

그리고 될 수 있는 한 빨리 선원은 음식을 찾으러 산 꼭대기로 올라갔습니다. 그나 배에 탄 그의 동료들은 모두 며칠씩이나 굶었기 때문이었어요. 산꼭대기에 오르니 쾌적한 들판이 그 앞에 펼쳐져 있고 그 한가운데 초록빛 돌로 만들어진 높은 아치가 있는 것이 눈에 띄었습니다. 그곳으로 가까이 가 들어가 보니 커다란 쇠로 만든 기둥이 보였는데 그 기둥에는 사자 가죽으로 덮인 다마스커스 청동으로 된 커다란 북이 쇠사슬에 묶여 걸려 있었습니다. 그 아치에는 다음과 같은 말이 새겨진 커다란 청동 팻말도 걸려 있었습니다.

"오 그대 이곳에 도착한 이여, 그대는 알렉산더 대왕이 세계 일주를 하다가 이 사자 아가리에 닿았을 때 이곳이 재난의 장소임을 깨달았다는 사실을 알 것이오. 4천 명의 현인들을 대동한 알렉산더 대왕은 그 사람들을 모두 불러모아 이 재난의 장소에서 도망갈 수단을 찾아보라고 명령했었소. 오랫동안 철학자들은 그 문제를 곰곰이 생각하다가 결국 플라톤이 이 북을 만들게 했소. 이 북은 소용돌이에 빠진 사람이 이리로 나와서 이 북을 세 번 치기만 하면 배를 표면으로 돌아가게 할 수 있게 만드는 힘을 가지고 있소."

이 비문을 읽은 선원은 재빨리 바닷가로 내려가 그의

동료들에게 이 사실을 알렸습니다. 많은 논란 끝에 그는 생명을 걸고 그 섬에 남아 북을 치기로 했습니다. 대신 나머지 사람들은 바스라로 돌아가 그의 아내와 아들들에게 그들이 배에 가지고 있는 보물의 반을 건네 주기로 하였습니다. 그는 그들에게 이 약속을 지키겠다는 다짐을 받고 그 아취로 돌아갔습니다. 몽둥이를 들어 북을 세 번 치자 커다란 북소리가 산을 울림과 동시에 배는 쏜살같이 소용돌이 밖으로 빠져 나갔습니다. 선원들은 아불 파와리스에게 안녕을 외치며 그의 가족들에게 그들이 가진 보물의 반을 주러 바스라로 떠났습니다.

아불 파와리스의 아내와 가족들은 그가 죽었다고 생각하며 매우 슬퍼하였습니다. 그러나 파와리스 자신은 아치 근처에서 곤하게 잠을 잔 뒤 하느님께 살아 남게 해 주신 데 감사를 드리고 다시 산꼭대기로 올라갔습니다. 그 들판을 가로질러 가노라니 검은 연기가 솟아오르는 것이 보였고 강도 있어 그는 강을 아홉 개씩이나 건넜습니다. 배고프고 지쳐서 죽을 지경이 되었을 때 갑자기 한쪽 편에 있는 목장에서 양 떼들이 풀을 뜯고 있는 것이 눈에 띄었습니다. 기쁨에 넘친 파와리스는 이제 마침내 사람이 사는 곳에 왔다는 생각을 하며 양 떼를 향해 나아갔습니다. 그는 그 양 떼 속에서 산처럼 키가 크고 머리와 몸에도 갑옷을 입고 빨간 모직으로 된 다 떨어진 윗도리를 뒤집어쓴 젊은이를 보았습니다. 선원이 그에게 인사를 하자 청년도 따라서 인사를 하면서 "어디서 왔소?"라고 물었습니다. 아불 파와리스는 자신은 재앙을 입은 사람이라고 말하며 그가 한 모험에 관해 양치기에게 이야기했습니다. 그의 이야기를 웃으면서 듣던 양치기가 말했습니다.

"그런 어려움에서 빠져 나왔으니 참 운이 좋다고 생각하시구려. 이제 걱정하지 말아요. 내가 마을로 데려다 드릴 테니."

이렇게 말하면서 그는 빵과 우유를 꺼내 파와리스에게 먹으라고 권했습니다. 그가 다 먹어 치우자 양치기가 또 말했습니다.

"하루 종일 여기서 지낼 수는 없을 테니 나와 함께 내 집으로 가서 좀 쉬시지오."

함께 산기슭으로 내려오니 문이 있었습니다. 그 문은 백 명이 들어도 들어올릴 수 없을 만큼의 커다란 돌로 막혀 있었는데 양치기는 그 돌 구멍에 손을 넣어 문에서 그 돌을 치우고 아불 파와리스를 들어가게 했습니다. 그러고는 다시 돌을 제자리에 놓고 계속 갔습니다.

파와리스는 그 문을 지나가면서 열매가 주렁주렁 달린 나무들이 있는 아름다운 정원을 보았습니다. 그 나무들 사이에 오두막이 한 채 있었는데 파와리스는 이것이 바로 양치기의 집이라고 생각했습니다. 그가 들어가 지붕에서 살펴보았으나 집은 여러 채 있는데 사람은 하나도

보이지 않았습니다. 그래서 지붕에서 내려와 가장 가까운 집으로 들어가 보았습니다. 문턱을 넘어서자마자 눈이 안 보일 정도로 살이 찐 벌거벗은 사람 열 명이 보였습니다. 머리를 무릎에 박고 모두 슬프게 울고 있었습니다. 그러나 그의 발짝 소리에 놀란 그들은 모두 머리를 쳐들며 소리질렀습니다.

"누구세요?"

파와리스는 양치기가 그를 데리고 왔으며 친절을 베풀어 주었다고 말했습니다. 이 이야기를 듣고 그들은 소리질렀습니다.

"여기 우리처럼 괴물의 손아귀에 걸려든 불쌍한 사람이 또 있구나. 그는 양치기의 탈을 쓰고 이리저리 다니며 사람들을 잡아먹는 악랄한 짐승이에요. 우리는 모두 그 재수 없는 바람 때문에 이리로 온 장사꾼들이에요. 그런데 저 악마가 우리를 잡아 이런 식으로 만들어 놓았지요."

신음을 삼키며 파와리스는 이제는 마침내 끝장이라고 생각했습니다. 바로 그때 양치기가 와서 양을 정원에 넣고 그 오두막으로 들어오기 전에 돌로 문을 닫는 것이 보였습니다. 양치기는 편도와 대추야자와 피스타치오 열매가 가득 든 가방을 가지고 와서 파와리스에게 주면서 다른 사람들과 나눠 먹으라고 말했습니다. 아불 파와리스는 아무 말도 할 수 없었지만 앉아서 그의 동료들과 그 음식을 먹었습니다. 그들이 식사를 끝내자 양치기는 그들에게 돌아와 한 사람을 손으로 잡아 그들 모두가 보는 앞에서 구워 먹어 버렸습니다. 실컷 먹고 난 양치기는 가죽 술부대를 가져와 곯아떨어질 때까지 마셔댔습니다.

그러자 파와리스는 동료들에게 돌아가 말했습니다.

"이제 나는 죽게 될 터이니 먼저 그를 죽이게 도와 주시오. 당신들이 도와 주면 할 수 있을 겁니다."

그들은 이제 아무 힘도 없다고 대답했습니다. 그러나 그 괴물이 고기를 구울 때 쓴 두 개의 기다란 쇠꼬챙이를 본 파와리스는 그것을 불 속에 집어 넣어 빨갛게 달군 다음 그것으로 괴물의 눈을 찔렀습니다.

크게 비명을 지르며 양치기는 뛰어 일어나 그를 괴롭히는 사람을 잡으려 했으나 파와리스는 뛰쳐나가 그를 피했습니다. 돌멩이 있는 곳으로 달려간 양치기는 그 돌멩이를 옆으로 치워 놓고 양들을 하나씩 내보내기 시작했습니다. 정원이 비면 더 쉽게 파와리스를 잡을 수 있을 거라는 생각에서 그렇게 했습니다. 그의 뜻을 알아차린 아불 파와리스는 지체 없이 양 한 마리를 죽여 그 가죽을 입고 도망하려 했습니다. 그러나 그가 양이 아닌 줄 알자마자 양치기는 쫓아서 달려왔습니다. 아불 파와리스는 양가죽을 집어 던지고 바람처럼 달려 바다에 닿자마자 바닷속으로 첨벙 뛰어들어갔습니다. 양치기는 수

영을 못했기 때문에 몇 걸음 따라오다 돌아갔습니다.

　무서움에 떨며 파와리스는 다른 편 산기슭에 닿을 때까지 헤엄쳤습니다. 거기서 그를 반기는 한 노인을 만났는데 그 노인은 그가 겪은 모험담을 듣고는 먹을 것을 준 뒤 집으로 데려갔습니다. 그런데 곧 무시무시하게도 이 노인 역시 괴물이 아니겠어요. 파와리스는 갖은 재주를 부려 그 괴물의 아내에게, 자기가 그녀의 집에 필요한 쓸모 있는 도구를 만들 수 있다고 말하니까, 그 괴물의 아내가 남편에게 그를 살려 주라고 설득했습니다. 여러 날 동안 그 집에 머문 뒤 그 남편을 도와서 양을 지키게 되었습니다. 날이면 날마다 도망갈 궁리를 하였지만 산을 건너가는 길은 하나밖에 없었고 그 길에는 파수병이 있었습니다.

　그가 숲속을 헤매고 있던 어느 날, 그는 빈 나무 등걸속에 꿀이 들어 있는 것을 발견하고 집으로 돌아가 괴물의 아내에게 알렸습니다. 다음날 그 여자는 남편에게 꿀을 가져오라고 말하면서 아불 파와리스를 딸려 보냈습니다. 그러나 가는 도중 파와리스는 그에게 껑충 뛰어올라 그를 나무에 묶어 놓았습니다. 그러고선 괴물의 반지를 가지고 그 아내에게 돌아와, 그녀의 남편이 그에게 떠나라고 했으며 그 증거로 그의 반지를 보냈다고 말했습니다. 그러나 그녀는 교활하게 물었습니다.

　"왜 남편이 직접 와서 말하지 않지요."

그녀는 그의 옷자락을 붙잡고 함께 가서 사실인가 알아보자고 말했습니다. 그러나 파와리스는 그녀를 떨쳐 버리고 죽음에서 도망칠 수 있는 유일한 길인 바다로 도망했습니다. 그는 무서움에 떨며 서둘러 몇 시간을 헤엄친 끝에 마침내 그를 향해 오고 있는 사람들이 가득 탄 배를 발견해 그 배에 탔습니다. 배에 탄 사람들은 놀라워하며 어떻게 거기에 있게 되었는가를 물었고, 그는 그의 모험담을 들려주었습니다.

아주 다행스럽게도 그 배의 선장은 오직 한 곳에만 볼일이 있어 일을 본 뒤 곧 바스라로 향했습니다. 여러 달 만에 가족에게 돌아온 아불 파와리스는 가족 모두의 기쁨이었습니다.

그는 여러 가지 위험과 어려움을 겪은 나머지 머리가 희어졌습니다. 며칠 동안 쉰 뒤, 어느 날 바닷가를 거닐고 있는데 전에 그의 배를 빌렸던 바로 그 노인이 다시 나타났습니다. 파와리스를 알아보지 못한 그 노인은 그에게 배를 육 개월 동안 빌려 줄 수 있는지 물었습니다. 아불 파와리스가 금화 천 디나르를 받고 그렇게 하기로 하니 노인은 곧 그 값을 치르고, 다음날 아침 떠날 준비를 하고 오겠노라고 말했습니다.

다음날 파와리스는 그 노인과 검둥이 노예를 배에 태워 3개월 동안 배를 타고 진주섬에 다시 닿았습니다. 거기서 배를 바닷가에 단단히 묶어 놓고 자루를 들고 산

꼭대기로 올라갔습니다. 꼭대기에 이르자 노인은 파와리스에게 구멍으로 내려가 진주를 올려 보내라고 전과 같이 말했습니다. 파와리스는 자기는 그곳이 낯서니 노인이 먼저 그 굴로 내려가 아무런 위험도 없다는 것을 보여 주는 것이 좋겠다고 말했습니다. 노인은 그것은 정말로 위험하지 않으며 그는 평생 개미 한 마리도 해친 적이 없으며, 만약 그 굴속에 위험이 도사리고 있다는 것을 알면 결코 아불 파와리스를 내려보내지 않을 거라고 말했습니다. 그러나 파와리스는 어떻게 그 굴에 들어가는지 알기 전에는 그 일을 할 수 없다고 말하며 고집을 부렸습니다.

매우 주저하면서 노인은 바구니를 든 채 줄을 타고 첫째 구멍으로 내려가기로 했습니다. 그는 바구니에 진주조개를 가득 채워 올려 보내면서 소리질렀습니다.

"자, 이제 이 굴에 해로운 것이 없다는 것을 알겠지. 이제 나를 끌어올려 주게. 나는 늙어서 힘이 없으니까."

이 말에 파와리스는 이렇게 대답했습니다.

"당신이 어차피 거기 들어갔으니 그 구멍의 진주조개는 당신이 다 잡는 게 낫겠소. 내일은 내가 다른 구멍에 들어가 배를 가득 채울 만큼 많은 진주를 올려 보내 드리겠소."

한동안 노인은 진주를 잡아 올려 보내더니 마침내 다시 소리쳤습니다.

"여보게, 이젠 완전히 지쳤으니 날 좀 꺼내 주게."

그러자 파와리스는 그에게 무섭게 화를 내면서 소리질렀습니다.

"어떻게 당신은 다른 사람의 어려움은 모르면서 자기만 힘들다고 하는 게요? 이 망할 놈의 늙은이, 나를 몰라보다니 눈이 멀었소? 나는 당신이 오래 전에 그 굴속에 버리고 간 선원 아불 파와리스란 말요. 알라 신의 덕택으로 나는 살아났고 이제는 당신 차례요. 양심을 되찾고 당신이 그렇게 많은 사람들에게 한 짓을 반성해 보시오."

노인은 큰소리로 용서를 빌었지만 소용 없는 짓이었습니다. 파와리스는 큰 돌을 가져와 그 굴의 입구를 막아버렸습니다. 파와리스는 그 노예도 위협해서 함께 배로 진주를 가져온 다음 돛을 올렸습니다. 석 달 만에 그들은 바스라에 도착했습니다. 아불 파와리스는 사람들에게 모두 깜짝 놀랄 만한 그의 모험담을 얘기했습니다. 그때부터 그는 바다에 나가는 것을 그만두고 편안하게 남은 삶을 살았습니다.

그리고 그가 죽은 뒤 이 이야기는 그에 대한 추억과 함께 전해졌답니다. 알라 신은 이 모든 것을 가장 잘 아시지요.

* 아라비아의 전설에서 옮김.

안드로메다

안드로메다 전설은 고르곤 메두사(그리스 신화에 나오는 여자 괴물. 뱀의 머리를 가졌음)의 목을 벤 그리스 영웅 페르세우스의 이야기의 일부입니다.

고향으로 돌아오는 길에 페르세우스는 이디오피아 해변을 날개 달린 신을 신고 날아가다가 안드로메다를 보게 됩니다.

페르세우스는 해변을 따라 바다 위를 날았습니다. 하루 종일 달려가니 하늘이 연기로 검어졌습니다. 또 밤새도록 달리니 하늘이 불길로 붉어졌습니다.

새벽 무렵, 그는 절벽 쪽을 향하고 있었습니다. 바닷가의 검은 바위 아래 하얀 물체가 서 있는 것이 눈에 띄었습니다.

'저것은 틀림없는 바다 신의 조각일 거야. 가까이 가서 이 야만인들이 어떤 신을 섬기는지 살펴봐야지.'라고 그는 생각했습니다.

 그래서 가까이 다가갔습니다. 그러나 가까이 가보니 그것은 조각이 아니라 피와 살을 가진 처녀였습니다. 머리카락이 바람결에 흔들리는 것이 눈에 띄었습니다. 좀더 가까이 다가가니 파도가 차고 짠 물보라를 튀어 낼 때마다 그녀가 얼마나 움츠리고 떠는지 볼 수 있었습니다. 그녀의 팔은 머리 위로 치켜져 쇠사슬로 바위에 꽁꽁 묶여 있었습니다. 머리는 잠을 자거나 지쳐 버렸거나 아니면 슬픔에 잠긴 듯 가슴 쪽으로 푹 수그리고 있었습니다. 그러나 때때로 하늘을 우러러 울부짖으며 어머니를 불렀습니다. 그녀는 페르세우스가 쓴 어둠의 모자 때문에 그를 알아보지 못했습니다.

 동정과 분노에 가득 찬 페르세우스는 좀더 가까이 다가가 그 처녀를 살펴보았습니다. 그녀의 뺨은 그보다도 더 검었으며 머리칼은 히아신스처럼 검푸른빛이었습니다. 그러나 페르세우스는 속으로 생각했습니다.

 '이렇게 아름다운 처녀는 처음 본다. 우리 나라를 다 뒤져도 볼 수 없을 거야. 이 여자는 분명히 왕의 딸일 거야. 야만인들은 자기네 공주를 이런 식으로 다루나? 이렇게 아름다운 여자가 잘못을 저지를 리가 없다. 그녀에게 말을 걸어 봐야지.'

 그는 어둠의 모자를 벗고 그녀 앞에 모습을 드러냈습니다. 그녀는 놀라 소리지르며 머리칼로 얼굴을 감추려 했습니다. 손이 묶여 있어 손을 쓸 수 없었기 때문이었죠. 그러나 페르세우스는 이렇게 외쳤습니다.

"두려워 마세요, 아름다운 아가씨. 저는 그리스 사람이지만 야만인이 아니랍니다. 어떤 잔인한 놈이 당신을 이렇게 묶어 놓았지요? 그러나 우선 당신을 풀어 드려야겠군요."

그러고는 쇠사슬을 잡아당겼지만 너무 단단해서 풀지 못했습니다. 그러자 그 처녀가 소리쳤습니다.

"저를 건드리지 마세요. 저는 저주받아 바다 신들에게 제물로 바쳐진 거예요. 당신이 나를 풀어 주면 그 신들이 당신을 죽여 버릴 거예요."

"죽이라고 하지요!"라고 말하면서 페르세우스는 넓적다리에서 칼을 꺼내 쇠사슬을 무 조각 자르듯이 잘라 버렸습니다.

"자, 이제 당신은 저 바다 신들의 것이 아니라 내 것이오. 그들이 뭐라고 하든 말이오!"라고 페르세우스가 말했습니다. 그러나 처녀는 계속 어머니를 부르기만 했습니다.

"왜 어머니를 찾소? 당신을 이렇게 팽개쳤으니 그녀는 어머니도 아니오. 새가 둥지에서 나오면 그것은 주운 사람의 소유가 되고, 보석이 길가에 떨어지면 그것은 찾아 간직하는 사람의 것이 되는 법이오. 내가 당신을 간직하듯 말이오. 이제야 왜 팔라스 아테네가 나를 이리로 보냈는지 알겠소. 나의 모든 노력에 값하는 상을 주기 위해 이리로 보냈구려."

페르세우스는 그녀를 두 팔로 꽉 껴안고 소리쳤습니다.

"아름다운 처녀들을 죽게 만드는 잔인하고 부당한 바다 신들아, 어디에 있느냐? 나는 불멸의 무기를 가지고 왔다. 자, 나와 힘을 겨뤄 보자! 그런데 아가씨 말해 보세요. 당신은 누구이며, 무슨 운명으로 여기에 끌려왔는지?"

그 처녀는 울면서 대답했습니다.

"저는 이디오피아의 왕 케페우스의 딸이고, 제 어머니는 아름다운 머리카락을 가진 카시오페아예요. 아버지와 어머니는 저를 안드로메다라고 불렀죠. 저는 제 어머니의 죄를 속죄하기 위해 어쩔 수 없이 바다 괴물의 밥이 되어 여기에 묶여 있었던 거예요. 어머니가 언젠가 내가 물고기의 여왕 아테르가티스보다 더 예쁘다고 자랑한 것이 화근이었죠. 아테르가티스는 화가 나서 바닷물을 넘치게 했고 그의 오빠 불의 왕은 지진을 일으켜 온 나라를 황폐하게 만들었어요. 그리고 홍수가 있은 뒤 살아 있는 모든 것을 잡아먹는 괴물이 진흙더미에서 생겨났어요. 그리고 이제 그 괴물은 아무 죄도 없는 나를 잡아먹을 거예요. 나는 살아 있는 것을 해롭게 한 적이 없고 바닷가에서 물고기를 보면 다시 바다로 돌려보내 살려 주었을 뿐인데요. 우리 나라에서는 물고기의 여왕인 아테르가티스가 두려워 물고기를 아예 먹지도 않거든요. 그렇지만 사제들은 내가 저지르지도 않은 죄를 속죄하는 길은 내 피밖에 없다고 하여 이리로 끌려온 것이랍니다.”

그러나 페르세우스는 웃으며 말했습니다.

“바다 괴물이라고요? 나는 그것보다 훨씬 더 사나운 것들과도 싸웠소. 당신을 위해서라면 불사신들과도 싸우겠소. 하물며 그 따위 바다 짐승 정도야, 무슨 문제가 되겠소?”

그 말을 들은 안드로메다는 그를 올려다보았습니다. 그녀의 가슴속에 새로운 희망이 불붙었습니다. 페르세우스는 자랑스럽고 당당하게 한 손으로 그녀의 허리를 두르고 다른 손에는 반짝이는 칼을 잡았습니다. 그러나 그녀는 한숨을 쉬면서 더욱 슬프게 울부짖었습니다.

“왜 당신이, 당신 같은 젊은이가 죽어야 하나요? 이 세상에는 슬픔이나 죽음은 이미 충분하지 않나요? 모든 사람의 생명을 구할 수만 있다면 차라리 제가 죽는 게 나아요. 그런데 당신, 그 모든 사람들보다 더 훌륭한 당신을 내가 어찌 죽도록 내버려둘 수 있겠어요? 당신은 당신의 길을 가세요. 제 길은 제가 가겠어요.”

그러나 페르세우스는 이렇게 외쳤습니다.

“안 돼요. 내가 우러러 섬기는 올림포스 신들은 영웅

의 친구이시기 때문에 영웅들이 숭고한 행위를 실천하도록 도와 주십니다. 그 신들의 이끌림을 받아 나는 저 아름다운 괴물 고르곤 메두사의 목을 쳤소. 이제 그 신들이 나를 이리로 인도해서 저 고르곤의 머리와 같은 것을 가진 이 괴물의 목을 자르라 하신 것 같소. 그러니 내가 떠나면 눈을 가리시오. 그 무서운 광경이 당신을 얼어붙게 해 돌로 만들까 두려우니까."

그러나 처녀는 아무 대답도 하지 않았습니다. 그의 말을 믿을 수 없었기 때문이었죠. 그때 그녀는 갑자기 고개를 들고 바다 쪽을 가리키며 비명을 질렀습니다.

"아, 약속한 대로 저기 그 괴물이 해돋이와 함께 오네요. 이제 나는 죽게 돼요. 내가 어떻게 견뎌낼 수 있을까? 오, 가세요! 당신이 지켜 보는 데서 조각조각 찢겨지는 것은 너무나도 끔찍한 일이니까요."

그러면서 그녀는 억지로 그를 밀어내려고 애썼습니다.

그러나 페르세우스는 말했습니다.

"자, 나는 가겠소. 그러나 내가 가기 전에 한 가지만 약속해 주오. 내가 이 괴물의 목을 베면 당신은 내 아내가 되어 풍요한 아르고스에 있는 나의 왕국으로 같이 갑시다. 나는 그 왕국의 상속자이거든요. 자 약속의 표시로 입맞춤하시오."

그러자 그녀는 얼굴을 들어 그에게 입맞춤했습니다. 페르세우스는 기쁘게 웃으면서 위로 날아올랐고, 안드로

메다는 자신에게 닥칠 일을 기다리면서 바위 위에 몸을 구부린 채 떨었습니다.

그 커다란 괴물은 크고 검은 갤리배(노예들에게 노를 젓도록 한 옛날 배)처럼 굼뜨게 잔물결을 헤치며 바다를 건너왔습니다. 간간이 그 괴물은 빨래하는 소녀들의 웃음소리나 모래 언덕을 차는 소 떼들이나 바닷가에서 목욕하는 소년들에게 곁눈질하느라 샛강이나 곳에서 멈춰 서곤 했습니다. 그의 커다란 옆구리는 다닥다닥 붙은 조개들과 바다풀로 테를 둘렀습니다. 아침 햇살을 받고 그가 물을 뚝뚝 떨어뜨리며 번쩍거리면서 굴러올 때, 물이 그의 넓은 턱 속으로 꾸르륵꾸르륵 들어갔다 나왔다 하였습니다.

마침내 그 괴물은 안드로메다를 보고는 그의 먹이를 잡으러 쏜살같이 앞으로 달려왔습니다. 그 뒤로 파도가 하얗게 일어 물고기들이 뛰어 도망갔습니다.

그때 페르세우스는 공중 높은 곳에서 마치 별똥별처럼 눈깜짝할 새 내려와 물마루 위에 섰습니다. 그가 소리치자 안드로메다는 얼굴을 가렸습니다. 그러고는 잠시 고요가 흘렀습니다.

마침내 그녀가 떨면서 고개를 드니 페르세우스가 그녀를 향해 몸을 솟구치는 것이 보였습니다. 그리고 그 괴물 대신 길고 검은 바위가 놓여 있었는데 바다가 조용히 그 주위에 잔물결을 일으키고 있었습니다.

바위로 펄쩍 뛰어돌아가 매가 비둘기를 채듯이 그의 두 팔로 어여쁜 안드로메다를 들어올려 절벽 꼭대기로 날아오르는 페르세우스만큼 자랑스러운 사람이 또 있을 수 있을까요?

누가 페르세우스만큼 자랑스럽고, 어느 누가 이디오피아 사람들만큼 기뻤을까요? 이디오피아 사람들은 그 처녀의 운명을 슬퍼하면서 괴물을 보러 절벽에 서 있었지요. 이미 심부름꾼이, 케페우스와 카시오페아가 궁전의 골방에서 삼베 옷을 입고 땅에 재를 뿌린 채 딸의 마지막을 기다리고 있는 곳으로 달려갔습니다. 왕과 왕비는 물론 온 나라 사람들도 노래와 춤과 심벌즈와 하프를 들고 이 놀라운 일을 보러 왔습니다. 왕과 왕비는 딸이 다시 돌아온 것을 죽었던 사람이 살아서 돌아온 듯이 반겼습니다. 케페우스가 부탁했습니다.

"헬레네의 영웅이시어, 여기 나와 함께 머물면서 내 부마가 되어 주시오. 그러면 내 왕국의 반을 드리겠소."

"당신의 부마는 돼드리겠지만, 이 왕국에서는 아무것도 갖지 않겠습니다. 그리스 땅과 그곳에서 나를 기다리고 계실 어머님이 그립기 때문입니다."라고 페르세우스가 대답했습니다.

그러자 케페우스는 말했습니다.

"그러면 지금 당장 내 딸을 데리고 가지는 마시오. 우리에게는 그 애가 죽었다가 살아 돌아온 것과 같으니까요. 우리와 함께 일 년만 있다가 명예롭게 돌아가시오. ”
  페르세우스도 이 말에는 찬성했습니다. 그러나 왕궁으
로 가기 전에 페르세우스는 사람들에게 돌과 나무를 가
져오게 해서, 세 개의 제단을 짓고 수소와 숫양을 바쳐
아테네 여신과 헤르메스 그리고 신의 왕 제우스에게 감
사드렸습니다.

  *찰스 킹슬리의 “영웅들”에서 옮김.

옮긴이의 말

이제 바다는 인간에게 있어 마지막 미지의 세계입니다. 극지방을 탐험하고 에베레스트를 정복하며 심지어 달에까지 우주선을 띄우는 세상이 되었지만 아직도 바다 밑의 세계는 신비로 남아 있습니다.

그렇지만 바다가 육지의 배가 넘는 이 지구상에서 우리들은 바다와 관계를 맺지 않곤 살아갈 수 없습니다. 고기잡이 아저씨들은 날마다 우리의 식탁을 꾸며 주는 생선을 잡으러 바다로 나갈 뿐만 아니라, 우리 생활에서 더없이 귀중한 석유는 먼 중동에서 배로 운반돼 옵니다. 오늘날도 그렇지만 비행기가 없었을 때엔 한층 더 중요한 수송로로 이용되지 않았겠어요?

이토록 우리의 삶과 밀접한 관계를 맺고 있는 바다이지만 그 바다가 언제나 우리에게 다정한 것만은 아니랍니다. 끝없이 푸른 바다는 우리에게 꿈과 용기를 불어 넣어 주기도 하지만 때로는 무서운 파도와 미친 듯한 해일로 배를 부수고 사람들을 삼켜 버리기도 합니다.

이렇게 변화무쌍한 바다의 모습을 지켜 본 옛사람들은 바다에는 바다를 지배하는 신령이 있는 모양이라고 생각했습니다. 그리고 바다 밑에도 땅 위의 사람들처럼 서로 사랑하고 미워하며 음악을 사랑하는가 하면 심술을 부리기도 하는 물고기들의 나라가 있으리라고 상상했습니다.

　제1부는 주로 바다에서 일어난 이상스러운 일을 보고 사람들이 생각해 낸 이야기와 미신적인 이야기들을 모았습니다. 강물은 짜지 않은데 바닷물은 왜 짤까 하는 문제는 뱃사람들에게 큰 수수께끼였을 겁니다. 이 궁리 저 궁리 하던 사람들은 재치 있게도 끝없이 소금을 갈아내는 맷돌이 바다에 가라앉았기 때문일 거라고 생각한 것이었지요.

　바다와의 지루한 싸움을 벌이고 있던 어부들에게는 어디엔가 낚시를 던지기만 하면 얼마든지 고기를 잡을 수 있는 이상적인 나라를 꿈꾸게 되었지요. 그것이 바로 이 책에서 우드뢰스트라고 말한 곳입니다.

　사람들은 흔히 자기와 모습이 다른 민족을 보면 무시하기 쉽습니다. 핀족 소녀에 대한 이야기는 다른 민족이면 무조건 멸시하기 쉬운 우리들의 잘못을 지적해 주는 것입니다. 사람은 누구나 착한 마음씨를 가지고 있으며 아무도 다른 사람을 무시해서는 안 된다는 이야기이지요.

　두 번째 부에서는 바다의 전설이 된 인어나 바다 괴물에 대한 이야기들을 모았습니다. 자기가 사랑하는 사람을 위해 자신의 영혼을 판 맨쉐라는 처녀가 인어가 되어 먼 바다를 헤매고 난 뒤 한 사람에 대한 사랑을 뱃사람 모두에 대한 사랑으로 발전시킨 이야기는 참으로 귀한 이야기입니다.

세 번째 부분은 바다에서 일어난 여러 가지 모험담입니다. 이 부분에는 특히 그리스의 영웅에 대한 이야기가 많은데 그것은 그리스가 아주 일찍부터 바다로 진출했던 나라이기 때문입니다. 그리스 사람들은 그들의 신들이 언제나 자신들을 지켜 준다고 믿고 있었습니다. 우리가 하고 싶은 것은 무엇이나 마음대로 할 수 있는 신을 상상해 낸 것은 인간의 가없는 바람에서 비롯된 것입니다. 때로는 허황되게 보이기도 하지만 신화에는 우리들의 꿈이 담겨져 있는 것이지요.

선원과 진주 상인에 대한 이야기는 페르시아의 민화로서 그 지방 사람들의, 죄를 저지른 사람은 그와 똑같은 벌을 받아야 한다는 생각을 엿볼 수 있습니다.

세계 여러 나라의 '바다 이야기'를 모은 이 책을 옮기면서 옮긴이는 몇 가지 바람을 갖게 되었습니다.

무엇보다 먼저 우리 어린이들이 이 이야기를 재미있게 읽고 그 다음으로는 우리 나라를 삼 면으로 둘러싸고 있는 바다와 친숙해져 바다에 대한 풍부한 상상력을 키우며 바다 세계를 향한 과학 정신과 모험심을 간직하는 계기가 된다면 더없는 보람일 것입니다.

　끝으로 이 책은 마이클 브라운(Michael Brown)이 엮은 "바다 이야기"(*A Book of Sea Legends*, Puffin Books, 1974)에서 15편을 골라 옮긴 것임을 밝혀 둡니다.

창비아동문고 82

바다 이야기

1982년 2월 25일 초판 발행
1991년 2월 25일 개정판 1쇄 발행
2003년 12월 20일 개정판 8쇄 발행

지은이 마이클 브라운
옮긴이 권태선
펴낸이 고세현
펴낸곳 (주)창비
413-832 경기도 파주시 교하읍 문발리 파주출판도시 42블록 5
전화 031-955-3333
팩스 031-955-3399(영업) 031-955-3400(편집)
홈페이지 www.changbi.com
전자우편 enfant@changbi.com
지로번호 3002568
등록 1986. 8. 5 제85호

ISBN 89-364-4082-9   73840

* 이 책 내용의 일부 또는 전부를 재사용하려면
  반드시 창비와 협의하여야 합니다.
* 책값은 뒤표지에 표시되어 있습니다.